성경의 종막

심판과 새 창조(요한계시록19~22장)

THE END OF THE BIBLE

권기호 지음

엘맨

성경의 종막 – 심판과 새 창조(요한계시록19-22장)

초 판 1쇄 | 2024년 4월 25일

지 은 이 | 권 기 호
펴 낸 이 | 이 규 종
펴 낸 곳 | 엘맨출판사

등   록 제10-1562(1985. 10. 29)
주   소 | 서울 마포구 토정로222 422-3
전   화 | 02) 323-4060
팩   스 | 02) 323-6416
이 메 일 | elman1985@hanmail.net
홈페이지 | www.elman.kr
I S B N | 978-89-5515-762-8 03230
정   가 | 18,000원

2023년 11월 16일(목) 소천한 장모님 고 홍순옥 권사님(91세, 부산모자이크교회)과 2023년 12월 3일(일) 소천한 어머님 고 박정옥 권사님(85세, 인천주안중앙교회)에게 이 책을 헌정합니다

권기호 목사님은 성실한 현장 목회자이면서, 동시에 학문에도 꾸준히 매진하는 학자이십니다. 30여 년 이상 현장 목회를 하시면서 성도를 성경적으로 교육시키기 위해서 틈틈이 기록하고 다듬어온 원고를 모아서 한국 교회에 유익하게 사용되어질 새로운 저서를 발간하게 됨을 진심으로 반기면서 축하드립니다.

권기호 목사님은 이미 「성경의 이해, 창세기에서 요한계시록」을 출간한 바 있습니다. 「성경의 이해, 창세기에서 요한계시록」은 성경 66권 전체를 일목요연하게 보여주는 개관서(槪觀書)라고 할 수 있습니다. 그 이후 출간되는 책의 내용을 크게 구분해 보면, 첫째, 성경의 서막, 창세기 1-4장의 창조와 타락, 둘째, 성경의 중간, 시편 102-104편, 셋째, 성경의 중앙, 시편 117-110편, 넷째, 성경의 중심, 미가서의 심판과 구원, 다섯째, 성경의 종막, 요한계시록 19-22장의 심판과 새 창조입니다.

이번에 발간하게 되는 저서 「성경의 종막, 요한계시록 19-22장의 심판과 새 창조」는 기 출간된 「성경의 이해, 창세기에서 요한계시록」과 매우 밀접한 관계가 있습니다. 왜냐하면, 「성경의 이해, 창세기에서 요한계시록」을 총론(總論)으로 본다면, 「성경의 종막, 요한계시록 19-22장의 심판과 새 창조」는 각론(各論)에 해당된다고 볼 수 있기 때문입니다. 달리 말해서, 「성경의 이해, 창세기에서 요한계시록」은 줄기 부분에 해당되고, 「성경의 종막, 요한계시록 19-22장의 심판과 새 창조」는 가지에 해당될 수 있습니다.

저자는 각론(各論)에 해당되는 다섯 부분의 내용 중에서 우선적으로 심판과 새 창조에 대한 부분에 해당되는 요한계시록 19-22장을 심층 연구한 결과물들을 모아서 「성경의 종막, 요한계시록 19-22장의 심판과 새 창조」라는 제목으로 출간을 하게 되었습니다.

한국교회는 종말론에 대한 잘못된 가르침과 이단들의 악용으로 인하여 정통교회가 신뢰를 상실하고 사회의 지탄을 받고 있는 실정입니다. 이러한 상황 속에서 한국교회에 가장 시급하다고 생각되는 부분이 성경적 종말론에 대한 올바른 가르침입니다.

이러한 이유로 인하여 이번에 출간되는 권기호 목사님의 저서 「성경의 종막, 요한계시록 19-22장의 심판과 새 창조」는 매우 시기적절하다고 하겠습니다. 이 책은 요한계시록 19-22장을 심층 분석해서 19개의 강의안 형태로 만들어 졌습니다. 따라서 이 책은 개인 성경 공부 교재로도 활용할 수 있으며, 또는 소그룹 형태로 모여서 종말론에 대하여 성경공부 할 때에 목회자의 강의용 교재로도 활용할 수 있습니다. 아무쪼록 이 책이 한국교회에 올바른 종말론 형성에 크게 기여할 수 있다는 기대감으로 목회자들과 성도들에게 적극 추천합니다.

내수교회 담임목사 정병구 박사

건강하고 성경적인 교회를 지상에 건설하는 것은 모든 목사의 소원이다. 아니 목사만이 아니라 모든 교회가 함께 꿈을 꾸어야 할 지상 과제이다. 훌륭한 목회적 감각을 지닌 목사들을 가끔 만난다. 그리고 신학적으로 깊이가 있는 학자를 만나는 일도 쉬운 일이지만, 신학적 기초가 든든한 바른 목회자를 만나는 것은 쉽지 않은 일이다. 군부대, 휴가, 청정, 산골의 이미지가 강한 강원도에서, 보수신앙으로 평생을 헌신한 목사님의 수고가 녹아진 결정체를 보게 된다.

인터넷과 소셜 미디어, 그리고 코비드 광풍과, 안티분위기가 더욱 팽배해짐으로, 한국 교회가 몸살을 앓고 있는 시점에, 교회의 주인이신 주님께서 원하시는 교회를 세우려는 뜨거운 열심을 볼 수 있는 작품이라 할 수 있겠다. 바람 쎈 송도 기숙사에서 비록 환경은 어려웠지만, 청운의 꿈을 안고 살았던 새벽 대학생의 순수함을 아직도 기억하고 있다. 한국 교회는 많이 망가져 가고 있지만 '시대착오적'인 신앙으로, 초대교회의 순수함을 실현하기 위해 땀흘리는 목사님의 열정 앞에 박수를 보낸다.

화악산 깊은 계곡의 겨울은 모든 것이 얼어붙은 동토이며 설국이었다. 그러나 봄바람이 불기 시작하면 얼음장 밑에 물소리가 들리기 시작하고, 새움이 돋다가 금방 초록색으로 변하는 울창한 숲으로 변하는 것을 보았다. 언약의 백성들을 향한 하나님의 은혜는, 현실은 비록 춥고 황량하며 영원할 것 같았지만, 도도히 흐르는 봄기운과 같은 주님의 손길은 결국 은혜의 자리로 인도하심을 보게 된다. 봄내 춘천에서 풋풋한 봄 내음이 가득한 천국 시민이 태동하는 거룩한 강물 되소서.

호주 시드니 하나로 장로 교회 담임목사 박명배
코람데오 신학대학원 원장

7

성경의 전체적인 이해

기독교에서 가장 중요한 것이 성경이다. 성경은 최고의 권위를 가지고 있다. 그렇다면 **첫째로,** 성경이란 무엇인가? 성경의 개념 혹은 정의는 크게 세가지이다. 첫째, 성경은 하나님의 말씀이다. 성경은 하나님의 영감으로 기록되었다(딤후 3:16, 벤후 1:21). 둘째, 성경은 하나님의 계시이다(계 1:1, 요 5:39, 46, 8:56, 행 10:43, 히 1:1-2). 성경을 통해서 하나님 자신을 드러내고 있다. 셋째, 성경은 하나님의 규범이다(딤후 3:16-17, 요 6:68). 즉 'canon'(캐논)이다. 성경은 유일한 법칙이며, 규칙이며, 진리이다. 따라서 성경은 기독교의 기초이며, 최고의 권위를 가지고 있다. 성경은 단순히 거룩한 책이 아니다. 성서가 아니다. 경전으로서 성경이다. 하나의 'story'(스토리)가 아니다. 이야기가 아니다. 정확무오한 하나님의 말씀이다. 하나님의 계시이며, 규범이다. 그런데 이러한 성경을 사람들이 이해하기 어려워한다는 게 사실이다. 성경을 읽어도 무슨 말인지 이해가 잘 안 된다는 것이다. 깨닫기가 대단히 힘들다는 것이다.

둘째로, 왜 성경은 이해하기가 어려운 것인가? 하나님께서 사람으로 하여금 모르게 하시려고 기록하시지는 않았을 것이다. 알게 하시려고 기록하셨다. 그렇다면 무엇이 문제인가? 하나님의 문제가 아니라, 우리 인간의 문제이다. 바로 그것은 우리의 사고방식에 문제가 있기 때문이다. 이 세상에는 크게 세 가지의 사고가 있다. 첫째, 헬라적 사고이다. 헬레니즘적 사고이다. 인간의 이성이 중심이 된 철학적 사고이다. 논리적이다. 세속적인 경향이다. 둘째, 히브리적 사고이다. 헤브라이즘적 사고이다. 인간의 감성이 중심이 된 종교적 사고이다. 현상적이다. 신비주의 경향이다. 셋째, 기독교적 사고이다. 헬라적 사고와 히브리적 사고를 재해석하는 사고이다. 하나님의 절대적 주권적 신앙이다. 신앙이 중심이 된 복음적 사고이다. 오직 예수 그리스도이다. 성령에 의해서 이루지는 사고이다. 새 예루살렘을 지향한다. 신본주의이다. 분명히 성경은 히브리적 사고로 기록되어 있는데, 우리의 사고는 헬라적 사고인 것이 문제이다. 또 성경은 히브리적 사고로 기록되었지만, 히브리적 사고로 끝나도 안 된다. 유대교인이 된다. 기독교적 재해석이 필요하다. 성령 안에서 복음으로 해석하는 방법 외에는 없기 때문이다. 그래서 성경을 이해하기 위해 성령 안에서 우리의 사고를 변화 시켜야 할 필요성이 있다(고전 1:23-24, 2:2, 고후 10:4, 골 2:8).

셋째로, 성경은 어떻게 구성되어 있는가? 성경은 하나의 통일성을 가지고 있다. 하나의 통일성을 가지고 있을 뿐만 아니라, 또한 다양성도 함께 가지고 있다. 그래서 성경은 한 권이지만, 구약과 신약으로 나누어지고, 구약 39권, 신약 27권, 총 66권으로 구성되어 있다. 더 나아가서 구약 39권은 다시 율법서, 역사서, 시가서, 선지서로 나눌 수 있다. 신약 27권은 다시 복음서, 사도행전, 서신서, 계시록의 네 부분으로 나눌 수 있다. 서로 짝을 맞추면서 4+4로 구성되어 있다. 이렇게 성경은 다양성을 가지고 있지만, 하나의 구조적 통일성을 이루고 있다.

넷째로, 성경의 중심 즉 핵심은 무엇인가? 성경에서 증거하는 가장 중요한 핵심은 바로 예수 그리스도이다(계 5:39, 46, 눅 24:44). 구약은 오실 예수 그리스도를 말씀하고, 신약은 오신 예수 그리스도와 다시 오실 예수 그리스도에 대해서 말씀하고 있다. 이것을 도표로 나타내면 다음과 같다.

성경 – 권위	
구약(옛 약속, 옛 언약)	신약(새 약속, 새 언약)
율법서 역사서 시가서 선지서 예수 그리스도	복음서 역사서(사도행전) 서신서 계시록
성경 – 토대	

이러한 성경의 처음은 구약이다. 구약성경의 맨 처음은 창세기이다. 창세기 1:1에서 "태초에 하나님이 천지를 창조하시니라"라는 선포로 시작한다. 창조로 시작한다. 그리고 말라기 4:6에서 '내가 와서 저주로 그 땅을 칠까 하노라'라는 말씀으로 끝을 맺고 있다. 저주로 끝을 맺고 있다. 그래서 구약성경은 창조로 시작하여 저주로 끝을 맺고 있다. 그런데 반해 성경의 마지막은 신약의 요한계시록이다. 신약성경의 맨 처음은 마태복음이다. 마태복음 1:1은 "아브라함과 다윗의 자손 예수 그

리스도의 계보라"라고 선포하고 있다. 예수 그리스도의 계보로 시작하고 있다. 그리고 요한계시록 22:21에서 "주 예수의 은혜가 모든 자에게 있을지어다 아멘"으로 끝을 맺고 있다. 은혜로 끝을 맺고 있다. 구약 말라기 4:6에는 '아멘'이 없다. 그러나 신약 요한계시록 22:21에는 '아멘'이 있다. 저주에는 아멘이 없다. 그러나 저주를 은혜로 바꾸는 그곳에는 아멘이 있다. 그래서 신약성경은 족보로 시작하여 은혜로 끝을 맺고 있다. 그것은 바로 예수 그리스도를 통해서 저주가 은혜로 변화되는 것이다.

이렇게 성경을 전체적으로 보면 성경의 가장 처음인 구약의 창세기가 헬라어로, '알파' 즉 영어로는 A라고 할 수 있다. 히브리어로는 '알렙'이다. 그렇다면 성경의 마지막인 신약의 요한계시록은 헬라어로 '오메가' 즉 영어로 Z라고 할 수 있다. 히브리어로는 '타우'이다. 그런데 창세기와 요한계시록을 자세히 비교해서 보면, 창세기와 요한계시록이 서로 밀접하게 연관성을 가지고 있는 수미쌍관(inclusio)을 이루고 있다. 창세기는 창조 즉 에덴동산으로 시작하고 있다. 하나님께서 천지를 창조하시고 에덴동산과 사람을 만드시고, 하나님의 나라를 시작하였다. 하지만 그만 아담과 하와가 범죄함으로 에덴동산에서 쫓겨나게 되었다. 사람의 타락으로 말미암아 하나님의 나라가 파괴되었다. 그래서 하나님의 나라를 세우기 위해서 제사장을 세웠고, 왕들을 세웠고, 선지자들을 세웠지만, 결국 하나님의 나라를 세우는데 실패했다. 그래서 마태복음은 예수 그리스도의 계보를 말씀하고 있다. 하나님의 아들 예수 그리스도를 통해서 하나님의 나라를 성취했다. 사도들과 교회를 통해서 하나님의 나라를 확장하고, 결국 예수 그리스도의 재림을 통해 하나님의 나라가 완성되고 있다. 예수 그리스도의 초림으로 다시 시작된 하나님의 나라가 예수 그리스도의 탄생, 고난, 죽으심과 부활, 그리고 승천을 통해서 성취되었다. 이제 요한계시록을 통해 예수 그리스도의 재림으로 하나님의 나라가 완성되는 것이다. 그래서 성경 전체의 시작 부분인 창세기 1-4장의 큰 주제는 '첫 창조와 타락'이라고 할 수 있다. 창세기 1-2장은 창조와 에덴을 말씀하고, 3장에서 뱀을 말씀하고 있다. 그리고 성경 전체의 마지막 부분인 요한계시록 19-22장의 큰 주제는 '심판과 새 창조'라고 할 수 있다. 요한계시록 20장에서 옛 뱀을 말씀하고, 21-22장에서 새 하늘, 새 땅과 에덴의 회복을 말씀하고 있다. 역순서로 되어 있다. 이러한 사실을 도표로 나타내 보면 다음과 같다.

영원	성경 - 권위			영원
	옛 언약		새 언약	
	창 1-4장	예수 그리스도	계 19-22장	
	첫 창조와 타락		심판과 새 창조	
	구약		신약	
	성경 - 토대			

그러면 성경의 중간 부분은 어디인가? 성경 전체의 중간 부분에서는 무엇을 가르치고 있는가? 그래서 먼저 성경 전체의 절의 중간을 찾았다. 성경 66권은 총 1,189장으로 구성되어 있다. 총 절 수는 성경마다 조금 달랐다. 개역성경은 31,101절이고, 개역 개정은 31,103절이었다. 구약성경에서 절을 안 매긴 137절은 별도로 생각했다. 이러한 성경 전체의 중간 구절이 바로 시편 103:1-2이다. 그런데 놀라운 것은 시편 103편 바로 앞의 시편 102편이다. 시편 102편은 바벨론에 끌려가 탄식 속에서 기도할 수 밖에 없었다. 그래서 시편 102편에서 시온 회복을 간청하고 있다. 그러면서 시편 103편에서는 다시 모세의 시대로 인도되면서(103:7), 여호와 하나님의 용서하심은 그의 인자하심에 있다고 한다. 그리고 시편 103편 바로 뒤의 시편 104편은 여호와 하나님이 창조자 되심을 말씀하고 있다. 그러면서 처음 6일간의 창조를 말씀하고 있다. 그 중심에 시편 103편이 있다. 시편 103편에서는 여호와를 송축하라고 한다. 그러면서 여호와의 인자하심을 말씀하고 있다. 그래서 스펄전은 시편 103편을 '한 권의 성경'이라고 할 만큼 포괄적인 진리를 담고 있다고 했다. 또한 시편 103편은 절 수가 22절로 히브리어 알파벳 수효와 같아서 알파벳 시편이라고 한다. 따라서 시편 103편을 중심으로 성경 전체의 역구조로 이루어져 있다. 진정한 시온의 회복을 바라는 자는 여호와를 송축해야 한다는 것이다. 그렇게 해야 할 이유는 바로 그 하나님이 창조주 하나님이시기 때문이라는 것이다. 은혜-송축-창조로 이어지고 있다. 이것을 도표로 나타내면 다음과 같다.

시편 102편	시편 103편	시편 104편
시온의 회복 간청	여호와를 송축하라	천지의 창조 섭리

	성경 - 권위		
	창 1-4장	시 103편	계 19-22장
영원	첫 창조와 타락	여호와를 송축하라	심판과 새 창조	영원
	성경 - 토대		

　　그 다음 성경 전체의 장의 중앙을 찾았다. 절의 중심에 이어 장의 중심이 어디냐는 것이다. 성경은 66권 총 1,189장으로 구성되어 있다. 구약성경이 929장이고, 신약성경이 260장이다. 그 중심 장이 594-595장이다. 시편 118편이다. 왜냐하면 구약성경의 절을 안 매긴 137절까지 포함하면 성경 전체에서 구절의 중심이 시편 118:18이기 때문이다. 이러한 시편 118편을 중심에 두고 그 앞에 시편 117편, 뒤에 시편 119편이 하나의 단락을 이루고 있다. 시편 117편은 성경 전체의 장 중에서 가장 짧은 장으로써 단 2절로 되어 있다. 그런데 반해 시편 119편은 성경 전체의 장 중에서 가장 긴 장으로써 무려 176절로 되어 있다. 따라서 시편 118편은 성경 전체의 정중앙에 위치해 있다고 할 수 있다. 뿐만 아니라 성경 전체의 축약판이라고 할 수 있다. 그래서 마틴 루터는 시편 118편을 '내가 가장 사랑하는 시편'이라고 했다. 이어서 이 시편은 '나를 수많은 환란에서 건져내었다'고 했다. 그리고 이 시편은 '나에게 큰 힘을 주었다'고 고백했다. 이것을 도표로 나타내면 다음과 같다.

시편 117편	시편 118편	시편 119편
성경에서 가장 짧은 장	**성경에서 가장 중심 장**	성경에서 가장 긴 장
여호와를 찬양하라	**여호와께 감사하라**	율법을 마음에 새기라

뿐만 아니라, 시편 113-117편은 출애굽의 할렐시이다. 출애굽의 하나님을 말씀하고 있다. 이러한 출애굽 할렐시의 결론이 시편 118편이다. 그리고 시편 120-134편은 성전에 올라가는 노래이다. 시온의 하나님을 말씀하고 있다. 이러한 시온의 노래의 서론이 시편 119편이다. 출애굽과 시온의 순서로 기록되어 있다. 출애굽의 하나님이란 출애굽 사건을 배경으로 위기 가운데 빠졌던 자신의 백성을 구원하신 하나님을 가리키고 있다. 반면 시온의 하나님이란 자신이 구원하신 백성을 시온에서 축복하시는 하나님을 가리키고 있다. 따라서 출애굽을 통해서 구원 받음에 대해서 찬양하고, 감사할 뿐만 아니라, 시온을 향해 올라가기 위해서 마음에 율법을 새기라는 것이다. 그렇게 하는 자에게 시온의 축복을 누리게 하신다는 것이다. 이것을 도표로 나타내면 다음과 같다.

시편 113-117편	시편 118편	시편 119편	시편 120-134편
출애굽 할렐시	여호와께 감사하라	율법을 마음에 새기라	시온의 순례 시
유월절(장막절)		오순절(시내산)	장막절

영원	성경 – 권위			영원
	창 1-4장	시 118편	계 19-22장	
	첫 창조와 타락	여호와께 감사하라	심판과 새 창조	
	성경 – 토대			

그리고 그 다음 성경 전체에서 권의 중심을 찾았다. 성경 전체의 절 중심에 이어 장 중심에 이어 이제 권의 중심이다. 성경은 총 66권이다. 66권의 중심은 33권이다. 33권은 미가서이다. 칠십인역(LXX)은 호세아-아모스-미가-요엘-오바댜-요나-나훔-하박국-스바냐-학개-스가랴-말라기의 순서로 되어 있다. 그러나 마소라 본문(MT)은 호세아-요엘-아모스-오바댜-요나-미가-나훔의 순서로 나머지는 동일하게 되어 있다. 우리말 개역개정은 칠십인역(LXX)을 따르는 것이 아니라, 마소라 본문(MT)을 따라 호세아-요엘-아모스-오바댜-요나-미가-나훔-하박국-스바냐-학개-스가랴-말라기의 순서로 되어 있다. 마소라 본문과 우리말 개역 개정은 모두 정경 배열을 요나-미가-나훔 순서로 하고 있다. 요나서는 하나님께서 앗수르의 수도인 니느웨로 요나를 보내 하나님의 심판이 임박했음을 선포케 하자, 니느웨 백성들이 놀랍게도 회개하여 구원받는 것을 말씀하고 있다. 물론 나훔서와 연결해서 보면 앗수르의 심판은 잠시 연기된 상태였다. 그러나 나훔서는 잠시 연기된 니느웨에 대한 심판을 선언하고 있다. 니느웨에 대해 경고하고 있다. 결코 멸망하지 않을 것 같았던 앗수르도 결국 심판 받고 말았다. 니느웨의 전적 파멸을 말씀하고 있다. 따라서 미가서는 요나서와 나훔서 중간에 정경 배열이 이루어져 있다. 하나님이 어떤 분이신가를 일깨워준다는 점에서 요나서, 미가서, 나훔서는 같은 지평에 있다. 그러나 그 방향은 서로 다르다. 요나서의 하나님은 회개하는 니느웨에게 기꺼이 구원을 베풀어 주신다. 미가서의 하나님은 이스라엘과 유다의 부패와 타락을 벌하시면서도 기꺼이 품어 주신다. 나훔의 하나님은 다시 죄악을 저지르는 니느웨에게 대적하시어 니느웨를 치고 있다. 그러니까 요나서를 통해 비록 이방인 니느웨라 할지라도 회개하면 하나님께서 용서해 주시고, 구원해 주신다는 것을 말씀하신다. 하지만 미가서 7:10에서 "네 하나님 여호와가 어디 있느냐 하던 자라 그가 거리의 진흙같이 밟히리니 그것을 내가 보리로다"라는 말씀과 7:18에서 "주와 같은 신이 어디 있으리이까 주께서는 죄악과 그 기업에 남은 자의 허물을 사유하시며 인애를 기뻐하시므로 진노를 오래품지 아니하시니이다"라는 말씀이 나훔서에서 그대로 이루어지고 있다. 하나님께서 다시 죄악과 불의를 행하는 니느웨를 심판하고 있다. 이렇게 이방인 니느웨에 대한 구원과 심판을 말씀하시는 요나서와 나훔서의 중심에 미가서가 있다. 이것을 도표로 나타내면 다음과 같다.

요나	미가	나훔
니느웨의 구원	북 이스라엘과 남 유다	니느웨의 멸망

영원	성경 - 권위			영원
	창 1-4장	미가서	계 19-22장	
	첫 창조와 타락	심판과 구원(회복)	심판과 새 창조	
	성경 - 토대			

성경 전체 66권의 중심이 되는 것이 미가서이다. 미가서는 크게 세 부분으로 나눌 수 있다. 즉 각각 '들으라'(שמעו)로 시작하는 1:2, 3:1, 6:1을 중심으로 세 부분으로 나눌 수 있다. 이렇게 세 부분으로 나누면, 첫째, 1-2장이다. 둘째, 3-5장이다. 셋째, 6-7장이다. 이러한 각 단락들을 보면, 전반부에는 선민의 범죄 지적이나 심판 예언 등의 부정적 내용이 나오고, 후반부에는 구원과 회복의 예언 및 메시아의 도래 예언과 같은 긍정적 내용이 나오는 형식으로 되어 있다. 그러면서 이러한 각 단락들 안에 '심판과 구원'이 서로 짝을 이루고 있다는 것을 강조하고 있다. 첫 번째 단락에서(계 1:2-2:13), 1:2-2:11은 심판이며, 2:12-13은 구원이다. 두 번째 단락에서(계 3:1-5:15), 3:1-12은 심판이며, 4:1-5:15은 구원이다. 세 번째 단락에서(계 6:1-7:20), 6:1-7:6은 심판이며, 7:7-20은 구원이다. 각 단락들이 모두 심판에서 구원으로 연결된다. 심판이 중심이 아니라, 구원이 핵심이다. 심판을 통한 구원이다. 회개를 통한 회복이다. 이와 같이 미가서는 심판에서 구원으로 향하고 있다. 심판이 중심이 아니라, 구원이 중심이다. 심판이 목적이 아니라, 구원이 목적이다. 심판이 핵심이 아니라, 구원이 핵심이다. 성경 전체의 주제와 아주 밀접하게 연결되어 있다.

목|차

그 후에 나는 하늘에서 많은 군중이 크게 외치는 소리를 들었습니다. '할렐루야,
구원과 영광과 능력은 우리 하나님의 것이다.
And after these things I heard a great voice of much people in heaven,
saying,
Alleluia; Salvation, and glory, and honour, and power, unto the Lord our God:
요한계시록 19:1

01

이 일 후에 내가 들으니

01 이 일 후에 내가 들으니

성경 : 요한계시록 19 : 1 - 5

> **서론** 성경은 하나님의 말씀이다. 하나님의 계시이다. 하나님의 규범이다. 이러한 성경은 하나의 구조적 통일성을 가지고 있다. 성경의 가장 처음에 구약의 창세기가 기록되었다면, 성경의 가장 마지막엔 신약의 요한계시록이 기록되어 있다.

1) 창세기를 통해 하나님 나라의 시작을 말씀하고 있다면, 요한계시록을 통해서는 하나님 나라의 완성을 말씀하고 있다.

2) 그 중에 성경의 가장 처음인 구약의 창세기 중에서 특별히 1-3장과 성경의 가장 마지막인 신약의 요한계시록 중에서 특별히 20-22장은 서로 밀접하게 연관성을 가지고 있는 수미쌍관(inclusio)을 이루고 있다.

3) 구약은 창세기 1:1의 창조의 선언으로 시작하며, 말라기 4:6의 저주로 끝을 맺고 있다.

그런데 반해 신약은 마태복음 1:1의 예수 그리스도의 계보로 시작하여 요한계시록 22:21의 은혜(아멘)로 끝을 맺고 있다.

4) 이렇게 창세기의 창조 즉 에덴동산으로 시작하여, 요한계시록의
새 창조 즉 새 하늘과 새 땅 즉 에덴의 회복으로 끝을 맺고 있다.
이러한 사실을 통해 성경을 한마디로 말하면 다음과 같다.

영원 창조	구약		신약	영원 새창조
		예수 그리스도		

창세기 1-2장	창세기 3장 - 계시록 20장	계시록 21-22장
에덴의 창조	엉망진창인 세상, 타락과 멸망이다.	에덴의 회복

5) 이러한 관점에서 이미 창세기 1-4장을 살펴보았다.

큰 제목은 '첫 창조와 타락'이다. 이제 성경 전체의 마지막 부분인 요한
계시록 19-22장을 살펴보고자 한다. 큰 제목은 '심판과 새 창조'이다.

6) 이러한 요한계시록은 'ἐν πνεύματι'(성령 안에서)의 위치에 따라
서 크게 세 부분으로 나눌 수 있다.

첫째, 서론부이다(1-3장, 1:10). 둘째, 본론부이다(4-16장, 4:2). 셋
째, 결론부이다(17-22장, 17:3, 21:10).

7) 이렇게 요한계시록은 17:3과 21:10의 'ἐν πνεύματι'(성령 안에
서)를 통해 이중적 결론을 가지고 있다.

그것은 요한계시록 17:1-20:15과 요한계시록 21:1-22:5이다. 바벨론

즉 악의 세력의 멸망과 새 예루살렘 즉 교회의 영광을 말씀하고 있다.

8) 19장은 17-18장과 밀접한 관계를 가진다.

17-18장의 음녀 바벨론에 대한 하나님의 심판에 대한 환상을 종결하고, 이제 19장에서 새로운 내용을 전개하고 있다. 지상인 이 땅에서 천상인 하늘로 전환하고 있다.

1. 하늘의 허다한 무리의 찬양이다.

1) 19:1의 맨 앞에 나오는 '이 일 후에 내가 들으니…'(계 4:1, 7:1, 9, 15:5)라는 말씀은 4-18장과 연결되어 있다. 요한계시록 6:9-11에서 '죽임을 당한 영혼들이 제단 아래에서 큰 소리로 부르짖었다.' 이제 그 응답으로 17-18장에서 바벨론이 멸망했다. 바벨론의 심판에 대해서 즐거워하라고 했다(계 18:20). 이에 대한 반응으로 '하늘의 허다한 무리가 큰 음성으로 할렐루야'라고 하면서 찬양하고 있다.

2) 여기 '하늘의 허다한 무리'는 누구인가? 한마디로 '하늘에 있는 승리한 교회(성도)와 천군, 천사들이다(계 7:9-10). 이들은 '할렐루야'로 시작하면서 하나님을 찬양하고 있다. '할렐루야' 시편인 113-118편을 근거로 찬양하고 있다. 큰 음녀, 바벨론을 멸망시키고 죽임을 당한 영혼들의 기도를 신원하시는 그 하나님의 구원과 영광과 능력을 찬양하고 있다(대상 29:11).

3) 이러한 하나님을 찬양하는 이유는 크게 두 가지이다. 첫째는 하나님의 심판이 참되고 의롭기 때문이다. 둘째는 하나님은 심판을 통해 자기 종들의 피를 갚으셨기 때문이다.

4) 이렇게 하늘의 허다한 무리는 첫 번째 '할렐루야'에 이어 두 번째 '할렐루야'라고 하면서 하나님을 찬양하고 있다. 두 번째 할렐루야는 단순한 찬양의 반복이 아니라, 큰 음녀 바벨론에 대한 하나님의 심판의 정당성을 강조하고 있다.

5) 그래서 우리말 개역개정에는 생략되어 있지만, 원문에는 접속사 '카이'(και)로 요한계시록 19:1-2과 요한계시록 19:3이 서로 연결되어 있다. 그러면서 '그 연기가 세세토록 올라간다'라고 한다. 연기란 두 가지를 의미한다. 하나는 심판을 의미한다(계 18:9). 다른 하나는 찬양을 의미한다(계 8:4). 따라서 여기 '그 연기'(ὁ καπνὸς αὐτῆς)는 '아우테스'가 3인칭 여성 단수로, '그녀의 연기'이다. 심판의 연기이다.

6) 그러므로 큰 음녀 바벨론에 대한 심판을 의미한다. 큰 음녀 바벨론이 불에 타 멸망하는 것으로 영원한 심판의 불로 인하여 연기가 올라간다는 것이다(계 14:11, 19:20, 20:10, 12, 15, 사 34:10). 그래서 그녀의 멸망이 영원한 것으로, 그녀의 모습을 다시는 볼 수 없게 되었다는 것이다(계 18:21). 그러나 또한 그러한 그녀의 심판, 음녀 바벨론의 심판으로 하나님께 대한 찬양이 세세토록 올라간다는 것이다. 이러한 사실은 '할렐루야'라는 말씀과 '세세토록'이라는 말씀과의 연결을 통해서 찬양을 의미할 수도 있다.

7) 이것은 하나님 심판의 정당성을 찬양하고 있다. 큰 음녀 바벨론에 대한 하나님의 심판은 진실성과 정당성이 의롭기 때문이다. 하나님의 심판은 정확하다. 한 치의 오차도 없다.

2. 24장로와 4생물의 화답 찬양이다.

1) 천상의 허다한 무리의 찬양에 이어 24장로와 4생물의 찬양이 이어지고 있다. 24장로와 4생물은 요한계시록 4-5장에도 기록되고 있다. 24장로는 모든 시대의 신구약 전체의 교회를 대변한다고 할 수 있다. 하나님의 백성들을 상징한다. 그리고 4생물은 모든 하나님의 피조물을 대표한다고 할 수 있다. 피조물 전체를 대변한다.

2) 24장로와 4생물은 하나님께 엎드려 경배하면서 '아멘 할렐루야'로 화답한다(시 106:48의 반영). 요한계시록 4:8-9과 5:8-10, 5:14, 11:16 이하, 14:3에서 4생물과 24장로들의 찬양은 큰 음녀 바벨론이 심판을 받아 패망하였기 때문이다. 그러니 이제 적극적으로 24장로들과 4생물이 '아멘 할렐루야'로 보좌에 앉으신 하나님께 '엎드려' 경배하고 있다.

3) 이러한 화답 찬양에 이어 요한계시록 19:5에서 보좌로부터 나온 음성은 '하나님의 종들 곧 하나님을 경외하는 모든 성도들에게 하나님께 찬양할 것을 요청'하고 있다. 왜냐하면 큰 음녀 바벨론의 심판뿐만 아니라, 이제 곧 이어 나오는 어린 양의 혼인 잔치가 있을 것이기 때문이다.

4) 여기 '보좌로부터 나온 음성'이 누구의 음성인지 우리는 구체적으로 알 수 없다. 그리스도의 음성일 수도 있고, 하나님의 음성일 수도 있다. 삼위일체의 관점에서 보면 그리스도의 음성이 하나님의 음성이다. 분명한 것은 허다한 무리의 음성과 다른 음성이다.

5) 또 여기 '하나님의 종들'은 누구인가? 19:2과 연결시키면 죽임을 당한 영혼들(계 6:9-11)로 순교자들로 생각할 수 있다. 또 '그를 경외하는 너희들아 작은 자나 큰 자'라는 말씀을 통해서 모든 믿는 자들을 가리키는 것으로 볼 수 있다. 따라서 지상에 있는 하나님의 종들, 즉 모든 성도들도 예외 없이 다 하나님을 찬양하라고 요청하고 명령하고 있다.

6) 하나님의 종들이라면 누구든지 하나님을 찬양하라고 한다. 특별히 '하나님께 경배'하였다고 한다. 하나님을 찬양하는 것이 곧 경배이다. 또한 하나님께 드리는 찬양에는 화답이 있어야 한다. 사람을 창조하신 목적이 하나님을 찬양하는 데 있기 때문이다(사 43:21).

결론 요한계시록 결론부는 '엔 퓨뉴마티'(ἐν πνεύματι)를 중심으로 17-20장과 21-22장의 이중적 결론을 가지고 있다. 그래서 17:3에 '엔 퓨뉴마티'(ἐν πνεύματι)가 기록되었는데, 이것은 '바벨론'에 대한 심판과 연결되어 서두에 나오는 구절이다. 또 21:10에 '엔 퓨뉴마티'(ἐν πνεύματι)가 기록되었는데, 이것은 '새 예루살렘'에 대한 영광과 연결되어 서두에 나오는 구절이다.

---

1) 이렇게 '바벨론'에 대한 환상은 요한계시록에서 최종적 심판을 묘사하는 일곱 대접 심판의 환상에 속하며, 여기에 기록된 '바벨론'의 멸망은 마지막 때의 결정적 심판 행위로 나타나고 있다. 이러한 심판의 행위는 하나님의 극도의 진노에 대한 표현이며, 하나님 통치의 완성을 위한 전제로 기록하고 있다.

2) 이어 '새 예루살렘'에 대한 환상을 기록하고 있다. 하나님 통치의 완성으로 교회가 누리는 놀라운 영광을 말씀하고 있다. 이렇게 요한계시록의 마지막 결론 부분에서 '큰 성 바벨론'(계 17:1-19:10)과 대조되는 '새 예루살렘'(계 21:9-22:8)에 대한 환상을 기록하고 있다.

3) 특별히 큰 성 바벨론과 새 예루살렘은 서로 바벨론의 앞 부분 즉 서론과 새 예루살렘의 앞 부분 즉 서론(계 17:1-3과 21:9-10), 바벨론의 뒷부분 즉 결론과 새 예루살렘의 뒷부분 즉 결론(계 19:9-10, 22:6-9)이 서로 언어적 병행을 이루고 있다. 이러한 이중적 결론의 중심부에서 요한계시록 19:11-21:8이 큰 성 바벨론에서 새 예루살렘으로 연결하는 다리 역할을 하고 있다. 그것도 두 개의 서론과 결론 사이에서 각각 보충 설명해 주는 역할을 하고 있다.

4) 요한계시록 19:11-20:15은 예수 그리스도의 재림으로 말미암아 이루어지는 최후 심판, 요한계시록 21:1-8은 새 하늘과 새 땅을 말씀하고 있다.

5) 19장은 17-18장의 큰 음녀 바벨론에 대한 멸망(심판)으로 주어지

고 있는 말씀이다. 특히 요한계시록 19:1-5은 큰 음녀 바벨론의 멸망으로 말미암아 그 하나님에 대한 찬양을 말씀하고 있다. 지상에서 큰 음녀 바벨론의 심판으로 인해 지상에서 하늘로 전환하면서 하늘에서 하나님께 대한 찬양을 말씀하고 있다.

6) 그것도 '할렐루야 여호와를 찬양하라'고 하면서 하나님을 찬양하고 있다. '아멘 할렐루야' 하면서 하나님께 대한 찬양의 응답으로 말씀하고 있다. 요한계시록 19:1에서 '…할렐루야 구원과 영광과 능력이 우리 하나님께 있도다'라고 한다. 그리고 요한계시록 19:5에서 '…다 우리 하나님께 찬송하라'고 한다.

7) 이러한 하나님께 찬양 드리는 세 부류가 나타나고 있다. 첫째, 하늘에 허다한 무리의 찬양이다. 둘째, 24장로와 4생물의 화답 찬양이다. 셋째, 하나님의 종들에게 요청하는 찬양이다.

또 나는 많은 군중이 떠드는 소리와 큰 폭포 소리, 그리고 천둥 소리와 같은 음성
으로 이렇게 외치는 소리를 들었습니다. 할렐루야, 전능하신 우리 주 하나님이
다스리신다.
And I heard as it were the voice of a great multitude, and as the voice of many
waters, and as the voice of mighty thunderings, saying, Alleluia: for the Lord
God omnipotent reigneth.
요한계시록 19:6

02

또 내가 들으니

02 또 내가 들으니

성경 : 요한계시록 19 : 6 - 10

> **서론** 요한계시록은 다른 성경과 다르게 아주 독특한 성격을
> 가지고 있다. 요한계시록은 크게 세 가지의 성격을 가지
> 고 있다. 첫째, 요한계시록은 계시이다. 다르게 말하면
> 묵시이다(계 1:1). 둘째, 요한계시록은 예언이다. 예언의
> 말씀이다(계 1:3). 셋째, 요한계시록은 서신이다. 다르게
> 말하면 편지이다(계 1:4,11)

1) 이러한 요한계시록은 '성령 안에서'(ἐν πνεύματι)의 위치에 따라
   크게 세 부분으로 나눌 수 있다(계 1:10, 4:2, 17:3, 21:10). 그
   리고 요한계시록은 이중적 결론을 가지고 있다.

2) 그 중에 첫 번째 결론부인 17-20장을 좀 더 세분화시켜 볼 수
   있다.

   바벨론의 심판과 멸망(계 17:1-19:10), 두 짐승의 심판과 멸망(계
   19:11-21), 용에 대한 심판과 멸망(계 20:1-10), 용을 좇았던 자들에
   대한 최후의 심판(계 20:11-15)의 내용을 포함하고 있다. 이것은 요
   한계시록 16:12-21의 여섯 번째와 일곱 번째 대접 심판에서 언급
   되었던 아마겟돈 전쟁에서의 용과 두 짐승의 운명(계 16:12-16)과
   바벨론의 심판과 멸망(계 16:17-21)에 대한 내용과 역행적으로 병행

적 관계를 가지고 있다.

A 계 16:12-16 : 용의 심판과 멸망

　B 계 16:12-16 : 두 짐승의 심판과 멸망

　　C 계 16:17-21 바벨론의 심판과 멸망

　　C' 계 17:1-19:10 바벨론의 심판과 멸망

　B' 계 19:11-21 두 짐승의 심판과 멸망

A' 계 20:1-10 용의 심판과 멸망

위와 같은 구조가 성립될 수 있다면, 곧 종말적 심판을 소개하는 ABC는 C'B'A'에서 좀 더 자세하게 설명되고 해석되면서 그 의미가 분명하게 밝혀진다고 할 수 있다.

3) 따라서 19장은 17-18장과 밀접한 관계를 가지고 있다.

17-18장에서 한마디로 바벨론의 멸망에 대해서 말씀하고 있다. 그리고 난 후 19장을 시작하면서 요한계시록 19:1에서 '이 일 후에 내가 들으니···'(Μετὰ ταῦτα ἤκουσα)라고 한다. 이 말씀은 사도 요한이 장면이나 내용의 전환을 보여주기 위해 관용구처럼 사용하는 표현이다(이 일 후에-4:1, 7:1, 9, 15:5, 18:1, 19:1, 내가 들으니-6:1, 3, 5, 9:13, 14:13, 16:1, 5, 7, 18:4, 19:1, 6, 21:3).

4) 바로 앞부분 17-18장의 음녀 바벨론에 대한 하나님의 심판에 대한 환상을 종결하고, 이제 앞부분의 내용과 구별되는 새로운 내용을 전개할 것을 암시하고 있다.

더 앞으로 가면 4-18장, 하늘 보좌와 어린 양에 근거하여 이루어지는 7인, 7나팔, 7대접 심판으로 바벨론의 심판을 종결하고, 이제 19장에서 새로운 내용을 전개하고 있음을 말씀하고 있다.

5) 요한계시록 19:1-5에서 사도 요한은 들었다.

하늘에서 허다한 무리의 찬양을 들었다. 뿐만 아니라, 24장로와 4생물이 '아멘 할렐루야'로 화답하면서 엎드려 보좌에 앉으신 하나님을 경배하고 있다. 그리고 보좌에서 음성이 나더니 하나님의 종들 곧 그를 경외하는 자들은 작은 자나 큰 자 어느 누구 하나 예외 없이 다 하나님을 찬송하라고 명령하고 있다.

1. 전능하신 이의 통치에 대한 찬양이다.

1) 요한계시록 19:6에서 사도 요한은 또 들었다. 무엇을 들었는가? '허다한 무리의 음성과도 같고, 많은 물 소리와도 같고, 큰 우렛소리와 같은 소리'를 들었다(계 19:1, 1:15, 14:2, 6:1, 10:3).

2) 이러한 소리는 구약 에스겔 1:24과 비슷하지만, 그와는 다른 차이가 있다. 요한계시록 19:6에는 '허다한 무리'와 '우렛소리'가 있다. 이것은 분명 하늘의 소리이다. 하나님의 통치하심에 대해 찬양하고 있다. 요한계시록 19:1-5에서 바벨론에 대한 하나님의 심판과 승리하신 하나님을 찬양했다. 이제 새로운 통치가 시작되었다.

3) 그래서 요한계시록 19:7에서 우리가 즐거워하고, 크게 기뻐하며, 그에게 영광을 돌리자고 한다(계 18:20). 그것은 단순히 큰 음녀 바벨론의 심판과 그에 따른 멸망에 기인하는 즐거움이나 기쁨이나 영광을 돌리는 것에 만족하는 것이 아니라, 또 다른 이유를 말씀하고 있다. 우리말 개역개정에는 번역이 되지 않았지만, 원문에는 '호티'(ὅτι)가 있다. 그 이유는 '어린 양의 혼인 기약이 이르렀고, 그 아내가 예비되었기' 때문이다.

4) 여기 '그 아내'는 거룩한 성 새 예루살렘을 상징하고 있다(계 21:2). 17-18장에 나오는 '큰 음녀'와 대조를 이루고 있다.

5) 그러면서 요한계시록 19:8에서 '그에게'는 여성 여격 3인칭 대명사로 '그녀에게' 신랑이신 어린 양 예수 그리스도께서 새 예루살렘을 상징하는 그의 아내 곧 신부에게 예복을 하사한 사실을 말씀하고 있다. 어린 양이 그의 아내에게 선물한 결혼 예복은 '빛나고 깨끗한 세마포'이다(계 15:6, 19:14). '성도들의 옳은 행실'이다(계 15:4, 7:9, 14). 어린 양의 피로 씻어 의롭게 된 칭의적인 의를 의미한다. 절대로 행위적인 의를 의미하지 않는다. 도덕적인 선한 행동보다는 법정적인 의를 의미한다.

6) 이렇게 하나님의 완전한 통치와 어린 양의 혼인 잔치를 찬양하라고 한다. 이러한 것은 미래적 종말에 반드시 이루어질 것이다. 뿐만 아니라 지금 현재에도 이러한 찬양을 외쳐야 한다.

2. 천사가 사도 요한에게 명령한 내용이다.

1) 우리말 개역개정은 의역을 하면서 '천사가'라고 한다(계 17:1, 18:1, 19:10). 하나님의 위엄과 권세를 지닌 천사가 사도 요한에게 말하고 있음을 알 수 있다.

2) 무엇이라고 말하고 있는가? '기록하라'고 한다(계 1:11, 19, 10:4, 14:13, 21:5). '기록하라'고 명령한 내용은 '복이 있도다'라는 선언이다(계 1:3, 14:13, 16:15, 19:9, 20:6, 22:7, 14). 어린 양의 혼인 잔치에 청함을 받은 자들에게 주어진 복이다. 아내가 하객으로 변환된다.

3) 여기 요한계시록 19:8에서는 빛나고 깨끗한 세마포 곧 성도들의 의는 어린 양이 그의 아내에게 입도록 허락한 것이다. 아내 스스로가 입는 것이 아니다. 마찬가지로 어린 양의 혼인잔치에 참여하는 하객 역시, 하나님께서 부르신 자들이라는 것이다. 하나님에 의해서 청함을 받는 자들이라는 것이다. 결코 자신의 의지나 노력으로 참여할 수 있는 것은 아니라는 것이다. 하나님께서 부르신 자들, 청함을 받는 자들이 복이 있는 것이다. 이러한 어린 양의 혼인 잔치는 종말에 있을 종말론적인 잔치이다.

4) 그리고 또 천사는 '이것은 하나님의 참되신 말씀이라'고 요한에게 말했다. 좀 더 정확하게 하면 '이것들'로 한 가지만 아니라 다른 것도 말씀하고 있다(계 18:1, 21:5, 22:6). 그래서 그 당시 요한은 요한계시록 19:10에서 '내가 그 발 앞에 엎드려 경배하려 하니…'라고 한 것이다. 그러나 천사는 '삼가 그리하지 말고 오직 하나님께 경배

하라'고 한다. 그 이유가 예수의 증거는 예언의 영이기 때문이다.

5) 여기 '예수의 증거'와 '예언의 영'을 어떻게 해석하느냐가 아주 중
요하다. 여기 나오는 소유격을 주격 소유격으로 볼 것이냐, 아니면
목적격 소유격으로 볼 것이냐는 것이다. 또한 여기 나오는 영을 단
순히 본질이나 핵심이라는 의미로 이해할 것이냐, 아니면 성령의
의미로 볼 것이냐는 것이다. 여기서 중요한 것은 단지 환상의 해석
자에 불과한 천사는 결코 경배의 대상이 될 수 없다는 사실이다.
오직 하나님만이 경배를 받으시기에 합당하다는 것이다(계 22:9, 신
6:13, 마 4:10).

결론 사도 요한은 요한계시록 19:1을 시작하면서 '이 일 후에
내가 들으니'라고 하면서 지상에서 하늘로 전환하고 있
다. 큰 음녀 바벨론의 멸망과 심판에 대해서 하나님의 구
원과 능력을 표현하면서 찬양하고 있다. 구약에서는 구
원 특히 출애굽을 기념하는 시편(113-118편)에 할렐루야
가 등장한다. 그러나 신약에서는 다른 부분에서 기록되
지 않고, 오직 이 부분에서만 할렐루야가 네 번이나 기록
되어 있다. 바로 요한계시록 19:1-5에서 허다한 무리의
큰 음성과 24장로와 4생물의 찬양을 말씀하고 있다. 보
좌에서 음성이 나서 다 우리 하나님께 찬송하라고 했다.
큰 음녀, 바벨론을 멸망케하시고, 심판하시는 하나님을
찬양하라고 했다. 하나님의 승리에 대해서 찬양하라고
했다.

1) 그리고 나서 요한계시록 19:6을 시작하면서 '또 내가 들으니'라고 하면서 허다한 무리, 많은 물, 큰 우렛소리를 들었다고 말씀하고 있다. 그러면서 네 번째 마지막 할렐루야 합창이 들려지고 있다. 역시 하나님을 찬양하고 있다.

2) 그런데 요한계시록 19:1-3과 19:6-8은 서로 구조적으로 유사한 면과 대비되는 면이 함께 나타나고 있다. 요한계시록 19:1-3에서는 찬양의 근본적인 주제가 음녀에 대한 하나님의 심판이 참되고 의로우심이다. 하나님의 심판의 진실성과 정당성을 말씀하고 있다. 그런데 요한계시록 19:6-8에서는 바벨론의 멸망으로 인하여 이 땅에 하나님의 통치가 시작되었다는 점과 동시에 어린 양의 혼인 잔치가 이르게 되었음을 찬양하고 있다. 하나님의 통치에 대한 찬양과 어린 양의 혼인 잔치가 주제로 등장하고 있다. 이러한 구분은 왜 하나님을 찬양해야 하는지에 대한 명확한 이유를 제시하는 데 도움을 주고 있다. 이것을 도표로 보면 다음과 같다.

구분	19:1-3	19:6-8
찬양의 형식	할렐루야	할렐루야
찬양의 일반적동기	참되고 의로운 하나님의 심판	전능하신 하나님의 통치
찬양의 구체적 동기	하나님이 큰 음녀를 심판하심	어린 양의 혼인 기약이 이름
상징적 존재의 활동	음녀가 음행으로 땅을 더럽힘	어린 양의 신부가 자신을 준비함
상징적 존재의 행동에 대한 신적인 반응	하나님이 그의 종들의 피를 음녀에게 갚으심	어린 양이 그의 신부에게 빛나고 깨끗한 세마포를 허락하심

3) 요한계시록 19:6-10에서 사도 요한이 들은 찬양은 할렐루야 합창이다. 그 찬양의 주제는 크게 두 가지이다. 하나는 전능하신 하나님의 통치이며, 다른 하나는 어린 양의 혼인 잔치이다. 이 두 가지를 하늘에서 찬양하고 있다.

4) 하늘에서 울려 퍼지는 이 찬양은 오늘 이 시대를 살아가는 우리의 찬양이 되어야 한다. 나의 찬양이 되어야 한다.

5) 천사는 사도 요한에게 기록하라고 명령한다. 하나님의 말씀을 기록하라고 한다. 하나는 어린 양의 혼인 잔치에 청함을 받은 자들은 복이 있다. 또 다른 하나는 오직 하나님께 경배하라고 한다.

6) 기록하라는 이 명령은 오늘 이 시대를 살아가는 우리의 가슴에 기록해야 한다. 나의 심비(마음판)에 기록해야 한다.

나는 또 하늘이 열리고 거기 흰 말이 있는 것을 보았습니다. 그 말 위에는 '신실'
과 '진실'이라고 부르는 분이 앉아서 정의로 심판하며 싸우고 있었습니다.
And I saw heaven opened, and behold a white horse; and he that
sat upon him was called Faithful and True, and in righteousness he
doth judge and make war.
요한계시록 19:11

03

또 내가…보니(1)

03 또 내가…보니(1)

성경 : 요한계시록 19 : 11 - 16

서론 요한계시록은 네 번에 걸쳐 기록된 '성령 안에서'($\epsilon\nu$ $\pi\nu\epsilon\acute{\upsilon}\mu\alpha\tau\iota$)라는 말씀의 위치에 따라 크게 세 부분으로 나눌 수 있다. 물론 우리말 개역개정은 조금씩 다르게 번역하고 있지만, 원문에는 모두 동일하게 기록되어 있다 (계 1:10, 4:2, 17:3, 21:10). 그리고 요한계시록 17:3과 21:10의 두 번의 '성령 안에서'라는 말씀을 통해서 요한계시록은 이중적 결론을 가지고 있다.

1) 요한계시록 결론부는 두 도시가 서로 대조를 이루고 있다.

바로 바벨론과 예루살렘이다. 그러면서 큰 음녀 바벨론의 멸망과 심판(계 17:1-19:10)을 말씀하고 있다. 또한 새 예루살렘의 영광과 승리(계 21:9-22:9)를 말씀하고 있다. 이렇게 하나님을 대적하던 악한 세력의 멸망과 새 창조와 새 예루살렘 즉 교회의 영광을 말씀하고 있다.

2) 그 중에 요한계시록 19:11-21:8은 바벨론에서 새 예루살렘으로 연결하는 다리 역할을 하고 있다.

그것도 두 개의 서론과 결론 사이에서 각각 보충 설명해 주는 역할을 하고 있다. 요한계시록 19:11-20:15은 예수 그리스도의 재림으로 말미암아 이루어지는 최후 심판을, 요한계시록 21:1-8은 새 하늘과 새 땅을 말씀하고 있다.

3) 요한계시록 19:1을 시작하면서 '이 일 후에 내가 들으니…'라고 한다.

사도 요한은 지상에서 큰 음녀 바벨론이 멸망했을 때, 이제 하늘에서 이루어지는 것을 들었다는 것이다. 요한계시록 19:1-10에는 하늘에서 부르는 '할렐루야' 합창이 네 번이나 기록되어 있다. 음행으로 땅을 더럽게 한 큰 음녀를 심판하심으로 할렐루야 구원과 영광과 능력이 하나님께 있음을 허다한 큰 무리가 찬양하고 있다. 또한 24장로와 4생물이 엎드려 보좌에 앉으신 하나님을 경배하면서 '아멘 할렐루야'로 찬양하고 있다. 그리고 보좌에서 음성이 나서 '작은 자나 큰 자나 다 하나님께 찬송하라'고 한다.

4) 그리고 또 사도 요한이 들었다는 것이다.

하늘에서 부르는 '할렐루야 합창'을 들었다는 것이다. 그러면서 우리가 즐거워하고 크게 기뻐하고 그에게 영광을 돌리자고 한다. 그 이유는 전능하신 하나님이 통치하시기 때문이라는 것이다. 또 어린 양의 혼인 잔치가 이르렀기 때문이라는 것이다.

5) 사도 요한에게 천사가 '기록하라'고 크게 두 가지로 명령하고 있다.

하나는 복이 있다는 것이다. 누가 복이 있는가? 바로 어린 양의 혼인 잔치에 청함을 받는 자들이 복이 있다는 것이다. 또 다른 하나는 오직 하나님께 경배하라는 것이다. 절대로 천사는 경배의 대상이 될 수 없다. 오직 하나님만 경배해야 한다는 것이다. 이와 같이 지상에서 큰 음녀 바벨론의 멸망으로 하늘에서 할렐루야 합창이 울려 퍼지고 있다.

6) 이제 요한계시록 19:11을 시작하면서 '또 내가 하늘이 열린 것을 보니…'라고 한다.

지금까지 요한계시록 19:1과 요한계시록 19:6에서는 사도 요한이 '들었던 것'을 기록하고 있다. 이제부터는 사도 요한이 '보았던 것'을 기록하고 있다. 적어도 일곱 번에 걸쳐 그 환상을 계속해서 말씀하고 있다(계 19:11, 17, 20:1, 4, 11, 21:1, 22:1). 19장 이후에는 요한계시록 19:11이 그 처음 환상이다(계 4:1, 11:19, 15:5).

1. 백마 탄 자의 모습이다.

1) 요한계시록 19:11-13에서 사도 요한은 열린 하늘을 통해서 백마를 탄 자(καὶ ἰδού ἵππος λευκός)의 모습을 말씀하고 있다. 이것은 계시록 6:2에서 일곱 인 심판 중에 제일 첫 번째 '흰 말'(καὶεἰ δον,καὶἰδού, ἵππος λευκός)이 나오는데, 적 그리스도인가? 그리스도

인가? 아니면 파르티아 군대인가? 등 다양한 해석이 있다. 원문은 똑같은 단어이지만, 우리말 개역개정은 '백마'와 '흰말'로 서로 다르게 번역하고 있다.

2) 그러나 요한계시록 19:11에서 '백마를 탄 자'는 확실하게 그리스도를 의미한다. 백마를 통해 승리자 그리스도의 모습을 말씀한다. 또한 심판자 그리스도의 모습을 말씀하고 있다.

3) 백마 탄 자의 특징을 일곱 가지로 말씀하고 있다. 하지만 크게 네 가지로 살펴보고자 한다. 첫째, 그 이름은 충신과 진실이며, 그가 공의로 심판하여 싸우고 있다. 둘째, 그 눈이 불꽃 같고 그 머리에 많은 면류관이 있다. 셋째, 그는 본인만이 아는 한 이름을 가지고 있다. 넷째, 그가 피 뿌린 옷을 입었는데, 그 이름은 하나님의 말씀이라고 칭하고 있다.

4) 요한계시록 17-18장을 통해서 큰 음녀 바벨론이 멸망한 것처럼 로마 역시도 곧 심판을 받아 멸망하게 될 것이다. 그럼 누가 그렇게 한다는 것인가? 바로 백마 탄 자 그리스도께서 공의로 심판을 하신다는 것이다.

5) 따라서 이제 교회는 이 세상 속에서 승리하면서 살아야 한다. 왜냐하면 요한계시록 2-3장에서 일곱 교회에 주시는 말씀에서 '이기는 그에게는 내가…하리라'고 했기 때문이다. 또 '이기는 그에게는 내가…주리라'고 약속했기 때문이다.

2. 백마 탄 자의 행동이다.

1) 요한계시록 19:14-16에서 백마 탄 자 즉 그리스도의 행동을 말씀
하기 전에 먼저 하늘에 있는 군대들을 말씀하고 있다. 여기 '하늘
의 군대'가 누구인가? 이 말씀은 상당히 논란이 많다. 첫째, 천사
들이다. 둘째, 순교자들이다. 셋째, 하늘의 허다한 무리이다. 넷째,
하늘의 천사와 순교자들과 구원받은 성도들의 총합체이다.

2) 그런데 이들은 희고 깨끗한 세마포 옷을 입고 백마를 타고 그를 따
랐다고 한다(계 19:8, 15:6). 이것은 승리한 교회 즉 성도들에게 자
주 표현되고 있다(계 3:4, 6:11, 7:9). 따라서 이 군대는 그리스도를
따르는 성도 즉 교회로 보는 것이 좋을 것 같다(계 17:14).

3) 이어 백마를 탄 자 즉 그리스도가 하나님을 대적하는 자들을 심판
하시는 행동을 기록하고 있다. 백마 탄 자가 하시는 일은 심판의
사역을 하시는데, 크게 세 가지를 말씀하고, 이어서 그 정체성을
말씀하고 있다. 첫째, 그의 입에서 예리한 검이 나와 그것으로 만
국을 치고 있다. 둘째, 그가 친히 그들을 철장으로 다스리신다는
것이다. 셋째, 그가 친히 하나님 곧 전능하신 이의 맹렬한 진노의
포도주 틀을 밟으신다는 것이다. 그리고 그의 옷과 다리에 만왕의
왕이요 만주의 주라고 그의 이름이 쓰여 있다는 것이다.

4) 이것은 계시록 17:3에서 음녀가 탄 붉은 빛 짐승의 몸에 기록된 하
나님을 지칭하는, 하나님을 모독하는 이름들과 대조하여 그리스
도의 몸에는 만왕의 왕이요 만주의 주라는 이름이 쓰여 있다는 것

이다. 따라서 그리스도께서는 온 세상의 권세자들과 모든 사람들을 주관하시는 절대 권위자임을 다시 한 번 강조한다.

5) 심판하시는 분은 누구인가? 백마 탄 자이다. 무엇으로 심판하는가? 예리한 검, 철장이다. 어떻게 심판하는가? 진노의 포도주 틀을 밟겠다는 것이다. 무엇을 심판하는가? 만국이다. 예수 그리스도께서 온 세상을 심판하시는 것이다(계 18:3, 16:19-20). 이러한 심판에서 살아날 자는 아무도 없다. 단지 예외가 있다면, 희고 깨끗한 세마포 옷을 입고 백마를 타고 따르는 자만이 예외이다.

> **결론** 17-18장에서 지상에서 이루어지는 일이 이제 19장에서 천상에서 이루어지는 일로 사도 요한이 듣고 있다. 그래서 요한계시록 19:1을 시작하면서 '이 일 후에 내가 들으니'라고 한다. 그리고 요한계시록 19:6에서 '또 내가 들으니'라고 한다.

1) 그러나 이제 사도 요한은 '또 내가 하늘이 열린 것을 보니'라고 한다. 이제 지상에서 천상으로, 들음에서 보는 것으로 전환되고 있다. 하늘에 열린 문으로(계 4:1) 이제 하늘 자체가 열린 것을 보고 있다.

2) 심판하시고 승리하신 분이 누구인지를 가르쳐 주고 있다. 바로 백마 탄 자라는 것이다. 예수 그리스도를 보고 있다. 초림으로 오셔서 고난 당하시고, 부활하시고, 승천하시고, 다시 재림하실 백마

탄 자, 예수 그리스도를 보고 있다.

3) 그 분이 바로 '만왕의 왕이요, 만주의 주'라는 것이다. 절대적 주권을 가지고 계시는 왕이시며 주시요 통치자라는 것이다.

4) 요한계시록 19:11-16은 하나의 교차대칭 구조를 이루고 있다.

- A 계 19:11-12 '그 이름…또 이름 쓴 것 하나가 있으니 자기 밖에 아는 자가 없고'
- B 계 19:13a '그가 피 뿌린 옷을 입었는데…'
- C 계 19:13b '…그 이름은 하나님의 말씀이라 칭하더라'
- D 계 19:14 '하늘에 있는 군대들이…그를 따르더라'
- C' 계 19:15a '그의 입에서 예리한 검이 나오니…'
- B'계 19:15b '…전능하신 이의 맹렬한 진노의 포도주 틀을 밟겠고'
- A' 계 19:16 '그 옷과 그 다리에 이름을 쓴 것이 있으니, 만왕의 왕이요 만주의 주라 하였더라'

5) 이러한 교차대구의 중앙 D 부분은 19:14이다. 백마 탄 자 즉 그리스도와 백마를 타고 그를 따르는 하늘의 군대에 대해서 말씀하고 있다. 하늘의 군대가 백마 탄 자의 심판과 승리하시는 모습을 따라야 한다는 것이다.

6) 이러한 말씀의 C와 C'에서는 하나님의 말씀과 예리한 검이 대조를 이루고 있다. 하나님의 말씀인 예리한 검으로 심판하시는 것을 말씀하고 있다. 또 B와 B'에서는 그가 피 뿌린 옷을 입었는데, 그 것은 전능하신 이의 맹렬한 진노의 포도주 틀을 밟음으로 생겨난

것임을 설명하고 있다. 그리고 A와 A'에서는 그 이름, 자기밖에 아는 자가 없는 그 이름, 그 옷과 그 다리에 쓴 이름이 바로 만왕의 왕이요, 만주의 주라는 것이다. 그 이름의 정체를 밝히고 있다. 이렇게 백마 탄 자, 그리스도는 왕이고 주라는 것이다.

7) 예수 그리스도는 우주적인 통치자이다. 현재뿐만 아니라, 영원히 왕이고, 이 세상뿐만 아니라, 다음 세상의 통치자이다. 절대적 주권을 가지고 계시는 것이다. 따라서 요한계시록 19:11-13은 백마 탄 자의 모습 혹은 특징으로 주로 교회와 관련이 되어 있고, 이어서 요한계시록 19:14-16은 백마 탄 자의 행동 혹은 사역으로 주로 세상과 관련이 되어 있다고 볼 수 있다.

8) 요한계시록 19:11-16은 백마 탄 자의 이름이 네 가지로 기록되어 있다. 첫째 그 이름은 신실(충신)과 진실이다. 둘째 그 이름은 자기밖에는 아는 자가 없다. 셋째 그 이름은 하나님의 말씀이다. 넷째 그 이름은 만왕의 왕이요 만주의 주이다. 또한 백마 탄 자의 세 가지 사역이 기록되어 있다. 첫째, 그의 입에서 예리한 검이 나온다. 둘째, 그들을 철장으로 다스린다. 셋째, 맹렬한 진노의 포도주 틀을 밟는다. 이러한 백마 탄 자의 이름과 사역을 통해 가장 분명하게 드러나는 것은 철저히 공의로 심판하며 싸우는 승리자이다. 이러한 승리자이신 백마 탄 자를 하늘에 있는 군대들이 희고 깨끗한 세마포 옷을 입고 백마를 타고 따르고 있다.

나는 또 해 안에 한 천사가 서 있는 것을 보았습니다. 그 천사는 하늘을 날고 있
는 모든 새들에게 큰 소리로 외쳤습니다. '자, 이리 와서 하나님의 큰 잔치에 모여
And I saw an angel standing in the sun; and he cried with a loud voice, saying
to all the fowls that fly in the midst of heaven, Come and gather yourselves
together unto the supper of the great God;
요한계시록 19:17

04

또 내가…보니(2), (3)

04 또 내가…보니(2), (3)

성경 : 요한계시록 19 : 17 - 21

> **서론** 요한계시록은 17:3과 21:10의 두 번의 '성령 안에서'(ἐν πνεύματι)라는 말씀을 통해서 이중적 결론을 가지고 있다. 그것은 요한계시록 17:1-20:15과 21:10-22:9이다. 전자는 악한 세력의 멸망을 기록하고 있다면, 후자는 새 창조와 새 예루살렘의 영광을 기록하고 있다. 이 두 개의 결론은 서로 대조적이면서 그 내용에 있어서 서로 보완적이다. 또한 서로 병행적 관계에 있다. 시작하는 부분과 끝나는 부분의 언어적 병행뿐만 아니라. 큰 성 바벨론과 새 예루살렘의 주제적 병행도 함께 있다. 이러한 병행적 관계에 의해서 요한계시록 전체의 절정으로 두 개의 주제가 서로 대조적 병행으로 존재한다고 할 수 있다.

1) 그 중에 첫 번째 결론부인 17-20장을 좀 더 세분화할 수 있다.

   바벨론의 심판과 멸망(계 17:1-19:10), 두 짐승의 심판과 멸망(계 19:11-21), 용에 대한 심판과 멸망(계 20:1-10), 용을 좇았던 자들에 대한 최후의 심판(계 20:11-15)의 내용을 포함하고 있다.

2) 이러한 내용은 본론부의 일곱 인 심판, 일곱 나팔 심판 그리고 일곱 대접 심판 중에서 요한계시록 16:12-21의 여섯 번째와 일

곱 번째 대접 심판에서 언급되었던 아마겟돈 전쟁에서의 용과 두 짐승의 운명(계 16:12-16)과 바벨론의 심판과 멸망(계 16:17-21)에 대한 내용과 역행적으로 병행적 관계를 가지고 있다. 이것을 구조적으로 보면 다음과 같다.

- A 계 16:12-16 : 용의 심판과 멸망
- B 계 16:12-16 : 두 짐승의 심판과 멸망
- C 계 16:17-21 바벨론의 심판과 멸망
- C' 계 17:1-19:10 바벨론의 심판과 멸망
- B' 계 19:11-21 두 짐승의 심판과 멸망
- A' 계 20:1-10 용의 심판과 멸망

3) 만약 위와 같은 구조가 성립될 수 있다면, 곧 종말적 심판을 소개하는 ABC는 C'B'A'에서 좀 더 자세하게 설명되고 해석되면서 그 의미가 분명하게 밝혀진다고 할 수 있다.

4) 19장은 17-18장과 밀접한 관계를 가지고 있다.

17-18장에서 한마디로 큰 음녀 바벨론의 멸망에 대해서 말씀하고 있다. 그리고 난 후 19장을 시작하면서 요한계시록 19:1에서 '이 일 후에 내가 들으니…'(Μετὰ ταῦτα ἤκουσα)라고 한다. 뿐만 아니라, 요한계시록 19:6에서 '또 내가 들으니'(Καὶ ἤκουσα)라고 한다. 따라서 요한계시록 19:1-10은 사도 요한이 들은 것을 말씀하고 있다. 지상에서 큰 음녀 바벨론의 멸망으로 말미암아 천상에서 부르는 '할렐루야 합창'을 듣고 있다. 허다한 무리와 이십사 장로와 네 생물과 보

좌의 음성으로 하나님의 승리하심을 노래하는 합창이다. 작은 자나 큰 자나 우리 하나님께 찬송하라고 한다. 그리고 이어서 전능하신 하나님의 통치하심에 대한 합창이다. 그러면서 우리가 즐거워하고 크게 기뻐하며 그에게 영광을 돌리자고 한다. 왜냐하면 어린 양의 혼인 기약이 이르렀기 때문이다. 그리고 이어서 천사는 사도 요한에게 그 어린 양의 혼인 잔치에 청함을 받은 자들은 복이 있다고 한다. 사도 요한이 천사를 경배하려고 할 때 천사는 오직 하나님께 경배하라고 말하고 있다.

5) 이어서 요한계시록 19:11-16은 사도 요한이 본 것을 말씀하고 있다.

그래서 요한계시록 19:11에서 '또 내가…보니'(Καὶ εἶδον)라고 한다. 사도 요한은 첫 번째 환상으로 하늘이 열린 것을 통해서 백마 탄 자가 있는 것을 본다. 이러한 사실을 통해서 하늘의 '할렐루야 합창 소리를 듣게 하시는 분이 누구인지를 말씀하고 있다. 즉 큰 음녀 바벨론을 멸망시키고, 승리하신 분이 누구인지를 말씀하고 있다. 바로 그 승리자가 백마 탄 자라는 것이다. 그래서 여기 백마 탄 자는 단수이다. 홀로 승리하신 분이다.

6) 요한계시록 19:11-13에서는 그 백마 탄 자의 일곱 가지 특징을 기록하고 있다.

이러한 일곱 가지 특징을 통해서 백마 탄 자는 고난 받으시고, 십자가에 못 박혀 죽으시고, 부활하시고, 승천하신 승리자 예수 그리스도임을 분명히 말씀하고 있다. 그래서 요한계시록 19:16에서는 그 백마 탄 자가 만왕의 왕이요, 만주의 주라는 사실을 확실하게 밝히고 있다. 그리고 이어서 요한계시록 19:15-16에서는 그 백마 탄 자의 심판의 사역을 세 가지로 말씀하고 있다. 그의 예리한 검으로 만국을 친다는 것이다. 철장으로 다스린다는 것이다. 맹렬한 진노의 포도주 틀을 밟겠다고 한다. 그러면서 요한계시록 19:11-16의 중심인 요한계시록 19:14에서 '하늘에 있는 군대들'이 백마들을 타고 백마 탄 자를 따르고 있다. 희고 깨끗한 세마포 옷을 입고 백마들을 타고 백마 탄 자를 따르고 있다. 하늘의 승리한 교회가 백마들을 타고 백마 탄 자를 따르고 있는 모습을 사도 요한에게 보여주고 있다. 이것을 구조적으로 보면 다음과 같다.

- A 백마 탄 자의 모습과 특징(계 19:11-13)
-    B 하늘에 있는 군대들(계 19:14) : 백마들을 타고 백마 탄 자를 따름
- A' 백마 탄 자의 심판과 정체(계 19:15-16)

7) 이제 요한계시록 19:17을 시작하면서 '또 내가 보니…'(Καὶ εἶδον)라고 한다.

그리고 요한계시록 19:19에서 '또 내가 보매…'(Καὶ εἶδον)라고 한다. 사도 요한은 19:11에서 하늘이 열린 것을 통해 백마 탄 자를 보고 있다. 첫 번째 환상이다. 이어서 사도 요한은 또 보고 있다. 두 번째 환상과 세 번째 환상이다. 사도 요한은 두 가지 사실을 본 환상을 말

씀하고 있다. 하나는 한 천사가 공중에 나는 모든 새를 향하여 하나님의 큰 잔치에 모여 죽임을 당한 자들의 살을 먹으라고 외치는 장면을 보고 있다(계 19:17-18). 또 다른 하나는 그 짐승이 땅의 왕들과 모여 그 말 탄 자와 전쟁을 일으키다가 거짓 선지자와 함께 잡혀 산 채로 유황불 못에 던져지고, 나머지는 죽어 그 살을 새들이 먹는 장면을 보고 있다(계 19:19-21).

1. 하나님의 큰 잔치이다. 새들의 먹이 잔치(향연)이다.

1) 요한계시록 19:17에서 '한 천사가 태양 안에 서서…큰 음성으로 외쳐 이르되'라고 한다. 이러한 모습은 요한계시록 18:1-2에서 '이 일 후에 다른 천사가 하늘에서 내려 오는 것을 보니 큰 권세를 가졌는데 그의 영광으로 땅이 환하여지더라 힘찬 음성으로 외쳐 이르되…'라고 하는 것과 비슷하다. 천사의 모습과 선포의 도입 문구가 같은 용어로 이루어지고 있다. 이것은 요한계시록의 다른 곳에서는 발견되지 않는 문구이다.

2) 이렇게 환상을 소개하는 부분만 아니라, 각각 본문 뒤에 '새'와 관련된 심판 선언이 곧바로 이어진다는 사실로도 두 본문이 서로 유사성을 가지고 있다(계 18:2, 19:17). 이것은 상당히 의도적으로 서로 관련을 가지고 있다. 요한계시록 18:1-2에서 천사는 큰 성 바벨론의 멸망에 대해서 자세히 말씀하고 있다. 큰 음녀 바벨론이 각

종 더럽고 가증한 새들이 모이는 곳이 되었다. 따라서 새가 음란한 도시 바벨론의 완전한 멸망을 더욱 비참하게 드러내는 역할을 하고 있다.

3) 그러나 요한계시록 19:17-18에 나오는 한 천사는 이전에 바벨론과 연합하여 속임과 박해에 가담했던 짐승과 거짓 선지자의 멸망을 소개하게 된다. 그에 앞서 한 천사가 태양 즉 가장 높은 하늘에 서서 공중에 나는 새를 향하여 외치는 환상을 말씀하고 있다. 한 천사는 새들에게 '하나님의 큰 잔치에 모여…모든 자의 살을 먹으라'고 명령하고 있다. 한마디로 그 외치는 소리의 내용은 공중에 나는 새들을 '하나님의 큰 잔치'에 초청하고 있는 것이다.

4) 그러면서 그 하나님의 큰 잔치의 구체적인 내용을 소개하고 있다. 이것을 요약하면 새들로 하여금 백마 탄 자의 대적으로 짐승과 함께한 모든 자들의 고기를 먹으라는 것이다. 여기 '살'이라는 말씀은 죽은 사람의 육체를 가리키는 말이다. 즉 새들로 하여금 사람들의 죽은 시체를 먹으라는 것이다. 그러니까 19:15-16에 기록된 백마 탄 자의 철저한 심판으로 말미암아 죽은 자들의 살을 새들이 와서 뜯어 먹는 정황을 말씀하고 있다.

5) 이러한 '하나님의 큰 잔치'는 요한계시록 19:7과 요한계시록 19:9의 '어린 양의 혼인 잔치'와 완전히 대조를 이루고 있다. 다시 말하면 '하나님의 큰 잔치'(εἰς τὸ δεῖπνον τὸ μέγα τοῦ θεοῦ,)에 오라는 초대는 '어린 양의 혼인 잔치'(οἱ εἰς τὸ δεῖπνον τοῦ γάμου τοῦ ἀρνίου κεκλημένοι)에 오라는 초대의 '섬뜩한 패러디'이다. 두 잔치

의 연결성은 요한계시록 19:9과 요한계시록 19:17 모두에서 '잔치에'(εἰς τὸ δεῖπνον)가 등장한다는 것이다. 이러한 연결은 심판이 구원이라는 동전의 이면임을 암시하고 있다.

6) 여기 '하나님의 큰 잔치'는 어린 양의 혼인 잔치와는 완전히 반대이다. 어린 양의 혼인 잔치는 기쁨과 즐거움의 잔치이다. 그의 아내 신부가 신랑과 혼인을 하게 되는 정말 기쁨의 잔치이다. 그런데 반해 하나님의 큰 잔치는 심판의 잔치이다. 죽음의 잔치이다. 이렇게 하나님의 심판이 가해진 곳에는 사람이 짐승과 새 고기를 먹는 것이 아니라, 짐승과 새가 사람 고기를 먹는 참혹한 일이 벌어지는 것이다. 이것은 어느 누구나 예외가 없는 만국 심판의 확실성을 말씀하고 있다(계 19:15). 또한 이러한 하나님의 큰 잔치는 구약 에스겔 39:17-20의 배경으로 주어지고 있다.

2. 두 짐승의 심판과 멸망이다. 짐승과 거짓 선지자의 멸망이다.

1) 이제 사도 요한은 하늘이 열린 것을 통해 요한계시록 19:19-21에서 세 번째 환상을 보고 있다. 그것은 백마 탄 자와 그의 군대 그리고 짐승과 땅의 임금들과 그의 군대 간의 전쟁을 말씀하고 있다. 바로 앞에 서는 백마 탄 자 즉 만왕의 왕이요, 만주의 주와 하늘에 있는 군대들(계 19:11, 14, 16)을 말씀했다. 그런데 이제 요한계시록 19:19-21에서는 짐승과 땅의 임금들과 그들의 군대를 말씀하

고 있다. 여기 '땅의 임금'은 요한계시록 17:18과 요한계시록 18:9의 '땅의 왕들'과 같은 존재이다. 아무튼 백마 탄 자와 짐승이 대조를 이루고, 하늘에 있는 군대들과 땅의 임금들과 그들의 군대가 하늘과 땅으로 철저하게 대조를 이루고 있다.

2) 이렇게 짐승과 땅의 임금들과 그 군대들이 집결하고, 그들이 백마 탄 자와 그의 군대들과 더불어 전쟁을 일으킨 것을 말씀하고 있다. 그것도 전쟁을 하기 위해서 '모았다'. 이러한 표현은 계시록 16:14과 16:16의 기록과 매우 유사하다. 또한 계시록 20:7-8에서도 매우 유사한 표현을 기록하고 있다. '모이다'가 아니라, '모으다'인 것이다. 수동태로, 왕들과 그들의 군대는 자신들의 힘으로 모이는 것이 아니라, 사탄과 귀신의 영향으로 그리 모인다.

3) 계시록 19:17-18이 에스겔 39장의 곡과 마곡을 멸하시는 하나님의 전쟁에 대한 암시라는 것은 불경건 왕들과 땅의 각처에서 온 그들의 군대를 요한계시록 20:8에서 비유적으로 '곡과 마곡'에서 모았다고 한데서 알 수 있다. 군대를 '모으는' 직접적인 행위자가 마귀와 그가 조종하는 귀신들이다. 하지만 에스겔서는 하나님이 허다한 불신자들의 무리를 모으신 궁극적인 힘이라고 주장하고 있는 차이점이 있다.

4) 계시록 16:14, 16, 19:19, 20:8이 모두 '모으다'라는 말씀으로 같은 언어적 병행을 기록하고 있다. 그런데 여기서 우리말 개역개정은 '전쟁' 혹은 '싸움'이라고 다르게 번역하고 있지만, 원문은 모두 '전쟁'(τὸν πόλεμον)이라는 동일한 단어를 사용하면서 그 앞에 '관

사'가 있다. 이것은 이들이 서로 다른 전쟁이 아니라, 모두 동일한 전쟁이라는 것이다. 바로 아마겟돈 전쟁과 동일한 전쟁으로, 동일한 시점에서 일어나는 동일한 종말론적 전쟁을 말씀하고 있다.

5) 이들은 단지 그 나타내고자 하는 초점과 목적이 다를 뿐이다. 요한계시록 16:12-16은 일곱 대접 심판 중에서 '여섯째 천사가 그 대접을 큰 강 유브라데에 쏟으매…'라고 시작하면서 아마겟돈 전쟁을 말씀하고 있다. 단지 전쟁의 시작과 그 성격에 초점을 두고 있다. 그래서 여기에서는 전쟁 자체에 대해서 말씀하고 있지 않다. 그러니 자연히 그 전쟁의 결과에 대해서도 전혀 말씀하지 않고 있다.

6) 그러나 요한계시록 19:19-21에서는 그 전쟁의 결과를 말씀하고 있다. 이러한 전쟁의 결과는 이미 요한계시록 19:17-18에서 짐승에게 속한 진영의 패배를 말씀하고 있다. 이미 결정되어 있다. 그러나 좀 더 구체적 과정에 대해서 말씀하고 있다. 전쟁의 결과로 짐승과 거짓 선지자의 운명에 초점을 맞추면서 기록하고 있다. 그래서 요한계시록 19:20에서 짐승이 잡히고, 그 앞에서 표적을 행하던 거짓 선지자도 함께 잡혔다. 여기에서 '짐승과 거짓 선지자'는 13장에 기록하고 있는 첫째 짐승과 둘째 짐승을 말씀하고 있다. 바다에서 나오는 짐승과 땅에서 올라온 짐승이다(계 13:1, 13:12-15).

7) 그러면서 요한계시록 19:20에서는 '거짓 선지자'에 대해서 좀 더 구체적으로 말씀하고 있다. 거짓 선지자의 주요 특징은 짐승의 표

를 받고 그의 우상에게 경배하던 자들을 미혹했다는 것이다. 또 사람들을 잘못된 길로 인도하여 짐승을 경배하도록 했다는 것이다. 그래서 거짓 선지자라는 호칭이 붙여진 것이다. 거짓 선지자들은 사람들로 하여금 짐승을 따르고 경배하도록 미혹하는 것이다(계 13:13-16).

8) 그 결과 첫째 짐승 즉 적 그리스도와 둘째 짐승 즉 거짓 선지자는 운명을 함께하지 않을 수 없게 된 것이다. 그래서 그 결과 짐승과 거짓 선지자는 유황불 붙는 못에 던져지고 마는 것이다. 여기 '유황불 붙는 못'은 유황으로 타는 '불의 못'이다(계 14:10). 짐승과 거짓 선지자가 던져진 곳은 '불의 못'이다. 이것은 마지막 심판의 장소이다. '게헨나'이다(계 20:10, 14-15, 21:8). 둘째 사망이다(계 20:6, 14).

결론 사도 요한은 19:1에서 "이 일 후에 내가 들으니…"라고 했다. 또 요한계시록 19:6에서 "또 내가 들으니…"라고 했다. 이렇게 사도 요한이 들은 것에 대해서 기록하고 있다. 그리고 이어서 요한계시록 19:11에서 "또 내가 하늘이 열린 것을 보니…"라고 한다. 또한 요한계시록 19:17에서 "또 내가 보니…"라고 하고, 19:19에서 "또 내가 보매…"라고 한다. 이제 사도 요한이 본 것에 대해서 기록하고 있다. 그것도 연속적으로 세 번의 환상을 기록하고 있다.

1) 그런데 이것을 사건의 시간적 순서로, 연대기적으로 이해하면 곤란하다. 적어도 요한계시록 19:17-18의 '하나님의 큰 잔치'에 이어서 요한계시록 19:19-21의 '두 짐승의 심판과 멸망'이 일어나는 것은 아니다.

2) 어쩌면 마지막 심판 이전의 시기로 돌아가서 두 짐승과 백마 탄 자의 치열한 전쟁이 있음을 말씀하고 있다. 다시 말하면 요한계시록 19:15-16에서 백마 탄 자의 심판의 승리를 먼저 말씀하고, 이제 요한계시록 19:19-21에서 백마 탄 자와의 전쟁을 말씀하고 있는 것이다. 그러면서 이 전쟁의 결과로 두 짐승은 결국 심판을 받아 멸망하게 되고, 백마 탄 자가 승리하게 된다는 것을 말씀하고 있다. 그래서 요한계시록 19:18과 19:21은 내용상 동일한 것을 말씀하고 있다.

3) 요한계시록 19:11 이하에서 사도 요한은 연속적으로 세 번의 환상을 말씀하고 있다. 사요 요한은 장면의 전환을 통해 내용의 전환을 꾀할 때마다 사용하는 문구가 바로 '또 내가 보니'라는 문구이다. 이러한 문구를 통해 장면을 전환시키면서 세 번의 환상을 말씀하고 있다. 첫 번째 환상(계 19:11-16)은 하늘이 열린 것을 통해 백마 탄 자를 보게 된다. 승리자의 모습과 심판을 행하시는 모습을 보는 것이다.

4) 두 번째 환상(계 19:17-18)은 한 천사가 모든 새를 향하여 큰 음성으로 죽은 자들의 살을 먹으라고 외치는 것을 보는 것이다. 하나님의 큰 잔치에 왕들과 장군들과 장사들과 말들과 그것을 탄 자들과

자유인들이나 종들이나 작은 자나 큰 자나 모든 자들이 새들의 먹이가 되고 있다. 심판을 당하여 시체가 되어 모든 새들의 먹이가 되고 있다. 철저히 패배한 심판의 잔치, 죽음의 잔치가 펼쳐지는 하나님의 큰 잔치를 보고 있다.

5) 세 번째 환상(계 19:19-21)을 통해서는 짐승들과 그 군대들이 전쟁을 일으키는 것을 보게 된다. 전쟁은 크게 두 진영이 치열하게 싸우는 것이다. 하나는 그 짐승과 땅의 임금들과 그들의 군대, 그리고 또 다른 하나는 그 말 탄자와 그의 군대이다. 그러나 그 싸움의 결과는 짐승과 거짓 선지자가 잡히고 이 둘이 산 채로 유황불 붙는 못에 던져지게 되고, 그 나머지는 말 탄 자의 입으로부터 나오는 검에 죽임을 당하여 모든 새들의 향연이 펼쳐지는 것이 최종적인 운명이다. 마치 17-18장에서 큰 음녀 바벨론이 멸망한 것과 같이 이제 19장에서 두 짐승이 심판을 받아 멸망하게 되는 것이다. 그러나 반대로 그 말 탄 자와 그의 군대는 승리하게 되는 것이다. 가장 분명한 전쟁의 결과를 말씀하고 있다. 승자와 패자로 완전하게 갈리게 된다는 것이다. 패자는 유황불 붙는 못에 던져지고, 나머지는 죽임을 당하고, 모든 새들의 먹이가 된다는 사실이다. 그러므로 짐승과 거짓 선지자의 유혹에 넘어가서 우상을 경배하면 결국 그렇게 비참한 결과를 맞이하게 되는 것이다.

나는 또 천사가 무저갱의 열쇠와 큰 쇠사슬을 들고 하늘에서 내려오는 것을 보았
습니다.
And I saw an angel come down from heaven, having the key of the
bottomless pit and a great chain in his hand.
요한계시록 20:1

05

또 내가 보매(4)

05 또 내가 보매(4)

성경 : 요한계시록 20 : 1 - 3

서론 요한계시록 결론부 중에서 17-18장은 큰 음녀 바벨론의 심판과 멸망을 말씀하고 있다. 지상에서 큰 성 바벨론이 무너졌다는 것이다. 그 음행의 진노의 포도주로 말미암아 무너졌다. 이러한 멸망으로 말미암아 요한계시록 19:1-10에서는 하늘에서 할렐루야 합창이 이루어지고 있다. 이렇게 지상에서 천상으로 전환되고 있다. 천상에서 하나님의 승리하심과 하나님의 통치하심에 대해서 찬양이 이루어지는 소리를 사도 요한이 듣고 있다. 그래서 요한계시록 19:1에서 '이 일 후에 내가 들으니…'라고 하고, 또 요한계시록 19:6에서 '또 내가 들으니…'라고 말씀하고 있다. 더 나아가서 '어린 양의 혼인 잔치'가 이르렀음을 말씀하고 있다. 그리고 이러한 하늘의 합창이 이루어지게 한 분이 누구인지를 말씀하고 있다. 즉 큰 음녀 바벨론을 멸망시키고, 승리를 가져다 주신 분이 누구인지를 소개하고 있다.

1) 그리고 요한계시록 19:11-16에서 '또 내가…보니…'라고 하면서 청각에서 시각으로 전환되고 있다.

이제 사도 요한은 하늘이 열린 것을 통해 백마 탄 자를 보고 있다.

그것도 만왕의 왕이요, 만주의 주가 되시는 백마 탄 자가 승리자요, 심판자라는 것이다. 그 입의 예리한 검으로 만국을 치고, 철장으로 다스리며, 맹렬한 진노의 포도주 틀을 밟으면서 철저히 심판하고 있다.

2) 그래서 사도 요한은 19:17에서 '또 내가 보니…'라고 하고, 요한계시록 19:19에서 '또 내가 보매…'라고 하면서 요한계시록 19:11의 첫 번째 환상에 이어, 두 번째 환상, 세 번째 환상을 말씀하고 있다.

두 번째 환상을 통해서 '하나님의 큰 잔치'로 왕에서부터 종들까지 작은 자나 큰 자나 모든 자들의 시체를 새들이 와서 뜯어 먹는 잔치를 말씀하고 있다. 이러한 하나님의 큰 잔치는 죽음의 잔치요, 심판의 잔치요, 패배의 잔치이다.

3) 그리고 이어서 세 번째 환상을 통해서 그 말 탄 자와 그의 군대 즉 백마 탄 자이신 예수 그리스도와 하늘에 있는 군대와 그 짐승과 땅의 임금들과 그들의 군대가 모여서 전쟁을 하고 있다.

이러한 전쟁의 결과로 두 짐승 즉 첫째 짐승과 둘째 짐승 즉 거짓 선지자가 산 채로 유황불 붙는 못에 던져진다고 말씀하고 있다. 이것을 구조적으로 보면 다음과 같다.
- A 계 19:1-10 '내가 들으니' 사도 요한의 들음(두 청각)
  - 할렐루야 합창과 어린 양의 혼인 잔치

- B 계 19:11-16 '또 내가 보니' 사도 요한의 봄(시각)
  - 백마 탄 자(승리자와 심판자)
- A' 계 19:17-21 '또 내가 보니' 사도 요한의 봄(두 시각)
  - 하나님의 큰 잔치와 두 짐승의 운명

이것을 좀 더 확대해서 구조적으로 보면 다음과 같다.
- A 계 17:1-18:24 큰 음녀 바벨론의 멸망
- B 계 19:1-10 승리의 찬양(할렐루야 합창, 하나님의 승리하심과 통치하심)
- C 계 19:11-16 백마 탄 자와 그를 따르는 하늘의 군대
- B' 계 19:17-18 승리의 잔치(하나님의 큰 잔치, 새들이 시체를 먹는 향연)
- A' 계 19:19-21 두 짐승의 멸망, 이어서 20:1-10 용의 멸망

4) 이렇게 하여 17-18장을 통해서 큰 음녀 바벨론의 심판과 멸망을 말씀했다.

그리고 이제 요한계시록 19:17-21을 통해서 두 짐승 즉 첫째 짐승과 거짓 선지자의 심판과 멸망을 말씀했다. 이제 하나가 남았다. 바로 용에 대한 심판과 멸망이 남았다.

5) 이렇게 요한계시록 17-20장은 16:12-21의 역병행적 관계를 가지고 있을 뿐만 아니라, 또한 이것은 이미 요한계시록 12장에서 용에 대해서 소개하고, 이어서 13장에서 두 짐승에 대해서 소개하고 있는 말씀과 밀접하게 연관성을 가지고 있다.

12-13장을 역병행으로, 요한계시록 19:17-21에서 두 짐승의 심판

과 멸망에 대해서 말씀을 했다면, 이제 20장에서는 용에 대한 심판과 멸망을 말씀할 차례가 되는 것이다. 요한계시록 전체에 걸쳐 첫째 짐승, 둘째 짐승 즉 거짓 선지자 그리고 용 즉 마귀, 사탄을 가리켜 악의 삼위일체, 마귀적인 트로이카라고 한다.

6) 요한계시록 19:17-21에서 백마를 탄 자와 그의 군대는 악의 삼두체제가 이끄는 반역적인 짐승들과 그의 군대들을 공격했다.

치열한 전쟁을 통해서 땅의 임금들의 군대들은 멸망을 당하고, 두 핵심적인 첫째 짐승과 둘째 짐승 즉 거짓 선지자는 붙잡혀 산 채로 유황불 붙은 못에 던져지게 되었다. 이제 악의 삼두체제의 '우두머리'인 용 즉 사탄은 어떻게 되는가? 용 역시 붙잡히는가? 일단 의심할 여지도 없이 요한계시록 20:1-3에서 용의 정체와 용의 체포를 말씀하고 있다. 이렇게 19장의 연속으로 20장은 계속해서 말씀하고 있다. 이러한 요한계시록 20장은 요한계시록 중에서 가장 논란이 많은 장이다. 또한 여전히 미해결 과제 중의 하나로 서로의 의견이 첨예하게 대립되어 있다.

1. 용(사탄)의 정체이다.

1) 요한계시록 20:1을 시작하면서 '또 내가 보매…'(Καὶ εἶδον)라고 한다. 이것은 요한계시록 19:11의 '또 내가…보니'(Καὶ εἶδον), 요한계시록 19:17의 '또 내가 보니'(Καὶ εἶδον), 요한계시록 19:19의 '또

내가 보매'(Καὶ εἶδον)에 이어서 네 번째이다. 또한 이것은 시간적 순서가 아니라, 하나님께서 사도 요한에게 환상을 통해 보여주신 계시의 순서이다. 연대기적 순서가 아니라, 논리적 순서이다. 일어나는 사건으로 연속적인 것이 아니라, 기록된 사건으로 연속적인 것이다.

2) 요한계시록 20:1에서 '천사'가 등장한다. 요한계시록 19:17에서도 '한 천사'가 등장했다. 요한계시록 19:9에서도 '천사'가 등장했다. 요한계시록 19:17의 '한 천사'는 요한계시록 18:1의 '다른 천사'와 동일한 천사로 볼 수 있다. 그러면 요한계시록 18:1에서 '…다른 천사가 하늘에서 내려 오는 것을 보니…'라고 말씀했고, 요한계시록 20:1에서도 '천사가 하늘로부터'라고 말씀한 것을 통해 요한계시록 20:1의 천사도 요한계시록 18:1과 요한계시록 19:17의 천사와 동일한 천사로 볼 수도 있다.

3) 하지만 요한계시록 20:1의 천사는 '무저갱의 열쇠와 큰 쇠사슬을 그 손에 가지고'라고 말씀하고 있다. 요한계시록 9:1-2에서는 그 천사가 무저갱을 열자 황충의 군대가 나왔다. 이 황충의 군대는 무저갱의 사자(계 9:11) 즉 왕의 지휘 아래 전쟁을 벌였다. 이 황충의 군대는 하나님의 인을 받지 아니한 사람들을 괴롭게 하는 것이 임무이다. 따라서 요한계시록 20:1의 천사와 잘 부합하지 않는 측면이 있다.

4) 9장에서는 그 열쇠를 누군가에 의해 받았다고 기록하고 있지만, 20장에서는 천사가 직접 무저갱의 열쇠를 가지고 있다. 또한 9

장에서는 하늘로부터 땅으로 떨어졌지만, 20장에서는 하늘로부터 내려왔다고 한다. 9장에서는 하늘로부터 쫓겨난 상황을 말씀하지만, 20장에서는 하늘로부터 보내심을 받은 것을 보여주고 있다. 9장의 하늘에서 떨어진 별은 사탄으로 간주될 수 있는데(참고 사 14:12-14), 20장에서는 하늘로부터 내려 온 천사로 소개되고 있다. 이러한 차이는 문맥의 차이 때문에 발생하고 있다. 그러나 무저갱의 열쇠를 가진 천사가 전쟁과 관련되어 있다는 공통점은 있다.

5) 요한계시록 20:1의 천사는 그리스도의 역할을 하는 천사이다(계 10:1-3). 이러한 천사는 무저갱의 열쇠와 큰 쇠사슬을 갖고 있다 (참고, 계 1:18, 3:7, 6:8). 9장에서는 무저갱을 사탄의 처소로 간주하고 있지만, 20장에서는 무저갱을 감옥으로 간주하고 있다. 물론 무저갱은 이 두 가지의 의미를 모두 가질 수 있다.

6) 여기 '무저갱'은 어떤 곳인가? 무저갱은 '아비소스'(ἄβυσσος)로서, 사탄의 본거지이다. 음부 또는 지옥과 동일한 곳이다. 따라서 무저갱은 마귀와 그를 쫓는 귀신들이 거주하는 형벌의 장소이다(계 9:1, 눅 8:31). 또한 무저갱은 죽은 자들이 존재하는 장소이다(롬 10:7). 악한 영들의 감옥이다. 이사야 24:21-22을 배경으로 말씀하고 있다.

7) 그러면서 큰 쇠사슬을 말씀하고 있다. 여기 '큰 쇠사슬'을 문자적으로 보면 곤란하다. 왜냐하면 실제로 사탄을 쇠사슬로 잡을 수 없기 때문이다. 사탄은 어떤 쇠사슬이라도 다 끊어 버릴 수 있기 때

문이다. 이 '쇠사슬'이라는 말씀은 신약성경에서 바울이 감옥에 감금된 상태를 묘사하기 위해서 사용되고 있다(행 12:6, 딤후 1:6). 따라서 '무저갱의 열쇠와 큰 쇠사슬'이라는 말씀에서, 무저갱의 열쇠가 열기 위한 것이라면, 큰 쇠사슬은 감금을 위한 용도로 사용되고 있다.

8) 그리고 천사는 용을 잡았다고 한다. 예언적 부정 과거형으로 무저갱을 관장하는 천사가 용을 사로잡았다는 것이다. 계속해서 붙잡고 있다는 것이다. 이렇게 사로잡힌 용의 정체를 세 가지로 말씀하고 있다. 첫째는 옛 뱀이다. 둘째는 마귀다. 셋째는 사탄이다. 용과 옛 뱀이 동격이고, 마귀와 사탄을 동격으로 말씀하고 있다(창 3장, 계 12장, 계 13장). 요한계시록 12:9과 20:2을 통해서 사탄을 죽였다는 것이 아니라 그 활동에 제한을 가했다는 것이다. 요한계시록 12:12에서 마귀에게 정해진 시간이 있다는 것이다. 하나님께서 그의 시간을 제한하셨기 때문이다.

2. 용(사탄)의 결박이다.

1) 사도 요한은 천사가 무저갱의 열쇠와 큰 쇠사슬로 용 즉 옛 뱀, 마귀, 사탄을 어떻게 했는지 자세히 말씀하고 있다. 요한계시록 20:2-3에서 천사의 행동을 다섯 단계로 말씀하고 있다. 첫째는 잡다(κρατέω)이다. 둘째는 결박하다(δέω)이다. 셋째는 던지다(βάλλω)

이다. 넷째는 잠그다(κλείω)이다. 다섯째는 인봉하다(σφραγίζω)이다. 이러한 다섯 단계의 말씀이 모두 3인칭 단수 부정 과거형으로 되어 있다는 사실이다. 그가…이렇게 했다는 것이다. 이미 과거에 이루어진 사건을 말씀하고 있다. 그 이루어진 사건이 현재에도 그대로 영향을 미치고 있는 것이다.

2) 이렇게 무저갱에 인봉된 것은 결코 자신의 힘으로 무저갱을 탈출할 수 없음을 분명하게 말씀하고 있다. 이것은 무저갱에서부터 용 즉 사탄이 나올 수 있는 길은 오직 하나님의 허락이 있어야 가능하다. 그 외에는 불가능하다. 이렇게 용 즉 사탄이 더 이상 활동하지 못하도록 완전히 전면적으로 봉쇄 당했음을 말씀하고 있다. 철저하게 결박 당했음을 말씀하고 있다. 이러한 용의 결박은 용의 권세와 능력을 완전히 약화시켰다는 것이다(히 2:14, 요일 3:8). 철저하게 그 활동에 제한을 가했다는 것이다.

3) 그런데 용 즉 사탄의 철저한 봉쇄, 결박은 언제까지인가? 요한계시록 20:2-3에서 두 번이나 강조하고 있다. 요한계시록 20:2에서는 '…천 년 동안 결박하여'(καὶ ἔδησεν αὐτὸν χίλια ἔτη)라고 하고, 요한계시록 20:3에서는 '…천 년이 차도록…'(ἄχρι τελεσθῇ τὰ χίλια ἔτη)이라고 한다. 이렇게 용이 무저갱에 갇혀 있는 기간이 '천 년'이다. 여기에서 드디어 '천 년'이라는 말씀이 나오고 있다. 요한계시록 20:2-7에서는 무려 여섯 번이나 나오고 있다.

4) 일단 여기서 '천 년'이라는 말씀에 대해서는 잠시 접어두고, 먼저 20:3에서 천사가 용을 결박하여 무저갱에 '천 년' 동안 감금시킨

목적을 말씀하고 있다. 그것은 바로 용이 다시는 만국을 미혹하지 못하게 하기 위함이라고 한다. 만국을 혼미하게 만드는 일을 막기 위해 천사가 용을 천 년 동안 감금한 것을 분명하게 보여주고 있다. '다시는'이라는 말씀은 계속되는 행동이 멈추게 된 것을 의미한다. 용이 계속 나라들을 미혹해 왔는데, 이제 다시는 그러한 행동을 하지 못하게 되었다는 것이다. 만국을 미혹하지 못하도록 용을 무저갱에 가두어 둔다는 것이다. 그러니까 '천 년이 끝날 때까지' 용이 무저갱에 감금되어 있어야 한다. 그리고 용이 감금된 그 후에 반드시 잠깐 놓이게 된다.

5) 이제 '천 년'을 어떻게 생각해야 하는가? 일단 문자적 의미와 실제적 역사적 의미로서 '천 년'은 아닌 것 같다. 요한계시록 20:2-3에서 '천 년'은 용의 활동의 제한을 의미하고 있다. 또 '천 년'은 용의 한정된 시간과 범위를 의미하고 있다는 사실이다. 따라서 '천 년'은 완전한 기간이면서도 상당히 긴 기간이다. 그렇지만 반드시 그 시작과 끝이 있는 기간이다. 그러니 '천 년'은 일시적이요, 한시적이요, 제한적인 의미를 갖고 있다. 절대로 영원한 것, 무제한적인 것, 영구적인 것과는 거리가 먼 것이다.

6) 이러한 '천 년'이 한 번은 사탄과 관련해서 기록되고(계 20:2-3,7), 한 번은 예수 그리스도와 관련해서 사용되고 있다(계 20:4-6). 사탄의 완전한 패배와 예수 그리스도의 완전한 승리를 의미하는 것이다.

7) 그렇다면 용 즉 사탄의 활동이 언제 제한이 되었는가? 용의 존재가 완전히 소멸된 것이 아니라, 언제 무력화되었는가? 사탄이 완

전히 없어진 것이 아니라, 그 권세가 언제 약화되었는가? 사탄의 완전한 패배와 예수 그리스도의 완전한 승리가 언제 이루어졌는가?(계 20:2-3, 4, 6). 이것은 예수 그리스도의 초림으로 말미암아 이루어진 것이다. 그것은 예수 그리스도께서 마귀의 시험을 이기신 때라고 볼 수 있다(눅 12:17-18, 요 12:31-32, 골 2:15, 계 12:5). 예수 그리스도께서 지상에 계실 때 마귀를 결박하셨다. 이러한 사실을 마태복음 12:29과 마가복음 3:27에서 볼 수 있다. 십자가 상에서 다 이루었다는 말씀을 통해서 알 수 있다. 그러면 이러한 상황이 언제까지 지속되는가? 바로 예수 그리스도의 재림 때까지이다. 그러므로 천 년은 예수 그리스도의 오심으로 말미암아 용의 활동이 제한된 기간이라는 사실을 알 수 있다. 한정된 기간, 일시적인 기간이다. 이것은 바로 용의 이중적 성격 때문이다.

결론 요한계시록 20장을 어떻게 해석하느냐는 문제는 대단히 중요하다. 그러나 20장을 해석할 때에 아주 중요한 것을 꼭 하나 생각하고 넘어가야 한다. 그것은 요한계시록을 시간적 사건의 순서로 이해하면 곤란하다. 즉 반드시 연대기적으로 생각하면 안 된다. 사도 요한을 통해 보여주시기를 원하는 순서를 따라 보여주고 있다는 사실이다. 어쩌면 동시적이요, 상징적이요, 논리적이요, 내용적이요, 주제적인 순서를 따라 이루어지고 있다. 그래서 그 순서는 시간적으로 순방향이 될 수도 있고, 역방향이 될 수도 있고, 병렬적 방향이 될 수도 있다. 그래서 요한계시록은 계시이며, 묵시이다.

1) 요한계시록 20장은 하나의 독립된 사건이 아니라, 19장의 연속적 사건이라는 사실이다. 요한계시록은 '성령 안에서'(ἐν πνεύματι)라는 말씀을 통해 두 개의 결론을 가지고 있다(계 17:3, 21:10). 이러한 사실은 요한계시록 17:1-19:10과 요한계시록 21:9-22:5(9) 사이에 존재하는 구조적 병행을 통해서도 알 수 있다(17:1-3과 21:9-10의 서론, 19:9-10과 22:6-9의 결론). 이렇게 두 부분은 동일한 방식으로 시작하고 끝을 맺고 있으며, 환상 주요 부분에서는 '큰 음녀'와 '어린 양의 신부'라는 두 여성으로 유비(類比)되고, 그렇게 유비되는 두 도시 즉 '큰 성 바벨론'과 '새 예루살렘'을 의도적으로 대조시키고 있다.

2) 이러한 두 본문 사이에 위치한 요한계시록 19:11-21:8은 단순한 전환의 역할을 하는 것이 아니라, 두 본문을 상호 보충하고, 보완하고, 구체적으로 말씀하고 있다. 바벨론이라는 현실적 악의 세력을 제거한 후 남아 있는 영적 세력을 심판하여 모든 종말 과정을 완성하고 있다. 즉 종말 심판의 최종 국면을 기록하고 있다. 뿐만 아니라, 백마 탄 자가 철저히 심판하여 승리함으로 첫째 짐승과 거짓 선지자가 패배하여 불붙는 유황 못에 던져지고, 이어지는 용 즉 옛 뱀, 사탄, 마귀도 사로잡혀서 패배한다는 것이다. 전쟁을 하려고 하지만 결국은 패배하여 멸망함으로 새 하늘과 새 땅이 이루어진다는 것이다. 따라서 요한계시록 19:11-21:8은 하나의 교차대칭 구조를 이루고 있다.

- A 계 19:11-16 백마 탄 자의 승리자와 심판자의 모습

- B 계 19:17-21 두 짐승에 대한 심판과 멸망(겔 39장)
- C 계 20:1-3 천 년 동안 사탄이 결박 감금됨
- D 계 20:4-6 천 년 동안 성도들이 왕노릇함(천년왕국)
- C' 계 20:7-10 용 즉 사탄에 대한 심판과 멸망(겔 39장)
- B' 계 20:11-15 크고 흰 보좌에 앉으신 이의 행위 심판
- A' 계 21:1-8 새 하늘과 새 땅

3) 이 부분을 좀 더 크게 생각해 보면, 앞의 요한계시록 17:1-19:10 은 큰 음녀, 바벨론에 대한 심판과 멸망을 말씀하고, 이와 대조적으로 뒤의 요한계시록 21:9-22:9은 신부, 새 예루살렘의 구원과 영광을 말씀하고 있다. 이러한 큰 틀 중심부에서 요한계시록 19:11-21:8을 말씀하고 있다. 악의 삼위일체, 악의 트로이카에 대해서 말씀하고 있다. 이미 두 짐승 즉 첫째 짐승과 거짓 선지자의 심판과 멸망에 대해서 말씀했다. 이제 악의 우두머리 용에 대해서 말씀하고 있다.

4) 사도 요한은 네 번째 환상으로 천사가 무저갱의 열쇠와 큰 쇠사슬을 그의 손에 가지고 하늘로부터 내려와서 용을 잡고 있다. 그러면서 그 용의 정체를 밝히고 있다. 용은 옛 뱀이라고 한다. 마귀라고 한다. 사탄이라고 한다. 그리고 이어서 용을 잡아서 천 년 동안 결박하여 무저갱에 던져 넣고 잠그고 그 위를 인봉했다는 것이다. 천 년이 차도록 다시는 만국을 미혹하지 못하게 하였다는 것이다. 만국을 미혹하지 못하도록 용을 무저갱에 가두었다는 것이다. 그러나 그 후에 반드시 잠깐 놓이게 된다는 것이다.

5) 이러한 말씀이 12장과 13장에 밀접하게 연결되어 있다. 또한 19
장과도 밀접하게 연결되어 있다. 한마디로 용이 치열하게 싸우지
만, 결국 천 년 동안 결박당하여, 패배하게 된다는 것을 말씀하고
자 하는 것이다(계 20:7-10). 용의 심판과 멸망을 말씀하고자 하는
것이다. 그러니까 에덴동산에서 아담과 하와를 유혹하여 넘어지
게 했던 용이, 천 년 동안 결박당하다가 결국 심판을 받아 멸망하
게 된다는 것이다. 그러한 용의 역사에 대하여는 이미 하나님의 아
들, 마지막 아담으로 오신 예수 그리스도께서 광야의 시험에서 마
귀를 이기고 승리하셨다. 십자가에 못 박혀 죽으시고, 부활하심으
로 승리하셨다. '내가 세상을 이겼노라'고 말씀했다(요 16:33). 또한
십자가 상에서 '다 이루었다'고 말씀했다(요 19:30, 참고 창 2:1 '천지
와 만물이 다 이루어지니라', 계 21:6 '또 내게 말씀하되 이루었도다').

6) 물론 요한계시록 12:17에서는 '용'이 여자에게 분노하여 그 여자
의 남은 자손 곧 하나님의 계명을 지키며 예수의 증거를 가진 자들
과 더불어 싸우려고 바다 모래 위에 서 있지만, 그 '용'도 천 년 동
안 결박된 상태라는 것이다. 그 용의 정체를 똑바로 알고, 용의 유
혹과 미혹에 넘어가지 말고, 백마 탄 자를 따르면서 승리해야 할
것을 말씀하고 있다(계 19:14).

나는 또 여러 보좌를 보았는데 거기에는 심판하는 권세를 받은 사람들이 앉아 있었습니다. 그리고 예수님을 증거하고 하나님의 말씀을 전하다가 처형을 당한 순교자들의 영혼과 짐승이나 그의 우상에게 경배하지 않고 이마와 손에 짐승의 표를 받지 않은 사람들도 보았습니다. 그들은 살아나서 그리스도와 함께 천 년 동안 왕이 되어 다스릴 사람들입니다.

And I saw thrones, and they sat upon them, and judgment was given unto them: and I saw the souls of them that were beheaded for the witness of Jesus, and for the word of God, and which had not worshipped the beast, neither his image, neither had received his mark upon their foreheads, or in their hands; and they lived and reigned with Christ a thousand years.

요한계시록 20:4

06

또 내가…보니(5)

06 또 내가…보니(5)

성경의 종막

성경 : 요한계시록 20 : 4 - 6

> **서론** 요한계시록은 이중적 결론부를 가지고 있다(계 17-22장). 그것은 결론부에 성령 안에서'(ἐν πνεύματι)라는 말씀을 통해 구분할 수 있다(계 17:3, 21:10). 이러한 사실은 요한계시록 17:1-19:10과 21:9-22:9 사이에 존재하는 구조적 병행을 통해서도 알 수 있다. 이 두 부분은 동일한 방식으로 시작하고 끝을 맺고 있다.

1) 요한계시록 17:1-3과 21:9-10의 서론과 요한계시록 19:9-10과 22:6-9의 결론이 비슷하게 끝나고 있다.

뿐만 아니라, 환상에서는 '큰 음녀'와 '어린 양의 신부'라는 두 여성으로 유비되고, 환상의 주요 부분에서 두 도시 즉 '큰 성 바벨론'과 '새 예루살렘'을 의도적으로 대조시키고 있다. 그리고 두 주제 즉 '심판'과 '영광'이 서로 대조를 이루고 있다. 이 부분을 도표로 나타내면 다음과 같다.

	큰 성 바벨론의 멸망(계 17:1–19:10)	새 예루살렘의 영광(계 21:9–22:9)
서론	17:1 "또 일곱 대접을 가진 일곱 천사 중 하나가 와서 내게 말하여 이르되 이리로 오라 많은 물 위에 앉은 큰 음녀가 받을 심판을 네게 보이리라"	21:9 "일곱 대접을 가지고 마지막 일곱 재앙을 담은 일곱 천사 중 하나가 나아와서 내게 말하여 이르되 이리 오라 내가 신부 곧 어린 양의 아내를 네게 보이리라하고"
	17:3 "곧 성령으로 나를 데리고 광야로 가니라 내가 보니 여자가 붉은 빛 짐승을 탔는데 그 짐승의 몸에 하나님을 모독하는 이름들이 가득하고 일곱 머리와 열 뿔이 있으며	21:10 "성령으로 나를 데리고 크고 높은 산으로 올라가 하나님께로부터 하늘에서 내려오는 거룩한 성 예루살렘을 보이니"
본론	환상의 주요부 : 큰 성 바벨론	환상의 주요부 : 새 예루살렘
결론	19:9 "천사가 내게 말하기를 기록하라 어린 양의 혼인 잔치에 청함을 받은 자들은 복이 있다 하고 또 내게 말하되 이것은 하나님의 참되신 말씀이라 하기로"	22:6 "또 그가 내게 말하기를 이 말씀은 신실하고 참된지라 주 곧 선지자들의 영의 하나님이 그의 종들에게 반드시 속히 되어질 일을 보이시려고 그의 천사를 보내셨도다"
	19:10 "내가 그 발 앞에 엎드려 경배하려 하니 그가 나에게 말하기를 나는 너와 및 예수의 증언을 받은 네 형제들과 같이 된 종이니 삼가 그리하지 말고 오직 하나님께 경배하라 예수의 증언은 예언의 영이라 하더라"	22:8-9 "이것들을 보고 들은 자는 나 요한이니 내가 듣고 볼 때에 이 일을 내게 보이던 천사의 발 앞에 경배하려고 엎드렸더니 그가 내게 말하기를 나는 너와 네 형제 선지자들과 또 이 두루마리의 말을 지키는 자들과 함께 된 종이니 그리하지 말고 하나님께 경배하라 하더라"

2) 위의 도표에서 알 수 있듯이 두 본문은 일곱 대접 천사 중 하나가 요한에게 보여준 환상들을 기록하고 있다.

두 병행 본문은 모두 그 천사가 요한에게 와서 '오라 내게…을 보여 주겠다'고 말씀하는 것으로 시작되고 있다. 이어서 그 천사는 제각기 '성령 안에서' 요한을 데리고 각각 다른 장소로 이동하고 있다. 그리고는 요한은 환상을 보았다는 말씀과 함께 그 환상의 자세한

내용이 기록되고 있다. 이렇게 시작이 동일한 것과 같이 그 끝을 맺
는 방식도 동일하다.

3) 두 가지 환상 뒤에 천사는 공히 요한에게 환상의 내용이 신실하
고 참된 하나님의 말씀임을 확인하고 있다.

그 환상에 대한 요한의 반응 역시 두 본문에서 동일하게 기록되고
있다. 천사는 그 발 앞에 엎드려 경배하려 하는 요한을 만류하면서,
자신은 요한과 형제들의 동료, 종에 불과하므로 오직 하나님께 경
배할 것을 강조하는 것으로 두 본문을 마무리하고 있다.

4) 이렇게 두 본문은 일곱 대접을 가진 일곱 천사 중 하나에 의해서 이
끌어짐으로써 세 개의 칠 중주 즉 일곱 인, 일곱 나팔, 일곱 대접 심
판으로 대변되는 재앙(심판) 시리즈와 유기적으로 연결되어 있다.

5) 이러한 두 본문(계 17:1-19:10과 21:9-22:9) 사이에 중심부를
이루고 있는 부분이 요한계시록 19:11-21:8이다.

요한계시록 19:11-21:8은 큰 성 바벨론의 심판과 멸망에서 새 예
루살렘 회복과 영광으로 넘어가는 중심부 역할과 다리 역할을 하고
있다. 그러나 이렇게 중심부에 위치한 요한계시록 19:11-21:8은 단
순한 전환의 역할을 하는 것이 아니라, 두 본문을 상호 보충하고, 보
완하고, 구체적으로 말씀하고 있다. 요한계시록 19:11-21:8은 하나
의 교차대칭 구조를 이루고 있다.

- A 계 19:11-16 백마 탄 자의 승리와 심판의 모습

- B 계 19:17-21 두 짐승에 대한 심판과 멸망(겔 39장)
- C 계 20:1-3 천 년 동안 사탄이 결박 감금됨 – 지상, 과거
- D 계 20:4-6 천 년 동안 성도들이 왕노릇함(천년왕국) – 천상, 현재
- C' 계 20:7-10 천 년이 차매 사탄에 대한 심판과 멸망(겔 39장) – 지상, 미래
- B' 계 20:11-15 크고 흰 보좌에 앉으신 이의 행위 심판
- A' 계 21:1-8 새 하늘과 새 땅

6) 지금까지의 말씀을 간단하게 정리할 수 있다.

요한계시록 19:11에서 '또 내가…보니'(Kαì εἶδον)라고 하면서 사도 요한은 첫 번째 환상을 본다. 요한계시록 19:17에서 '또 내가 보니…'(Kαì εἶδον)라고 하면서 사도 요한은 두 번째 환상을 본다. 요한계시록 19:19에서 '또 내가 보매…'(Kαì εἶδον)라고 하면서 사도 요한은 세 번째 환상을 본다. 요한계시록 20:1에서 '또 내가 보매…'(Kαì εἶδον)라고 하면서 사도 요한은 네 번째 환상을 본다.

7) 이제 요한계시록 20:4에서 '또 내가…보니'(Kαì εἶδον)라고 하면서 사도 요한은 다섯 번째 환상을 보고 있다.

요한계시록 20:1-3의 지상에서 천상으로 옮겨지고 있다. 지상에서는 이미 천 년동안 용이 결박을 당했고, 이제 천상으로 시선을 옮겨 그곳의 모습에 대해서 말씀하고 있는 것이다.

1. 보좌들에 앉은 자들이다.

1) 사도 요한은 다섯 번째 환상으로 '보좌들을' 본다. 여기 '보좌들'(θρόνους)은 단수(θρόνος)가 아니라, 복수(θρόνους)이다. 따라서 분명한 것은 이 보좌들은 하나님의 보좌나 예수 그리스도의 보좌를 지칭하는 것은 아니다. 또한 사탄의 보좌나 짐승의 보좌를 지칭하는 것도 아니다(계 2:13의 사탄의 권좌, 13:2의 용이 자기의 능력과 보좌와 큰 권세를 그에게 주었더라, 16:10의 짐승의 왕좌).

2) 그렇다면 여기 '보좌들'은 계시록에서 47회나 계속해서 말씀하시는 하늘에 있는 보좌들이다. 접속사 '카이'(καὶ)로 계속 연결되면서 한 마디로 그 보좌들에 앉은 자들에게 심판하는 권세를 주었다는 것이다. 여기 '주었다'(ἐδόθη)는 말씀이 수동태로 하나님께서 보좌에 앉은 자들에게 왕으로서 심판하는 권세를 주셨다는 것이다. 그것도 부정 과거형으로 이미 주어진 것을 말씀하고 있다.

3) 그러면서 보좌에 앉아서 심판하는 권세를 부여 받은 자들이 누구인지 그 정체성을 밝혀 주고 있다. 우리말 개역개정에서는 '또 내가 보니'(καὶ)라고 작은 글씨로 기록되어 있다. 그것은 원문에는 '내가 보니'라는 말씀이 없다는 것이다. 의역을 하고 있는 부분이다. 원문은 그냥 단순히 '카이'(καὶ)로 되어 있다. 그러면서 '예수를 증언함과 하나님의 말씀 때문에 목 베임을 당한 자들의 영혼들과 또 짐승과 그의 우상에게 경배하지 아니하고 그들의 이마와 손에 그의 표를 받지 아니한 자들'이라고 한다. 이들은 과연 누구인가?

목 베임을 당한 영혼들이다. 한 마디로 순교자를 지칭하는 표현이다(계 6:9). 이것을 도표로 보면 다음과 같다.

계시록 6:9	계시록 20:4
A 영혼들이(τὰς ψυχὰς)	A' 영혼들이(τὰς ψυχὰς)
B 죽임을 당한(τῶν ἐσφαγμένων)	B' 목 베임을 당한(τῶνπεπελεκισμένων)
C 하나님의 말씀(διὰ τὸν λόγον τοῦθεοῦ)	D' 예수를 증언(διὰ τὴν μαρτυρίαν Ἰησοῦ)
그리고(καὶ)	그리고(και)
D 그들이 가진 증거로 말미암아(διὰ τὴν μαρτυρίαν ἣν εἶχον)	C' 하나님의 말씀 때문에(διὰ τὸνλόγον τοῦ θεου)

4) 그럼 무엇 때문에 목 베임을 당했는가? 무엇 때문에 죽임을 당했는가? 목 베임을 당하여 죽은 이유가 무엇인가? 그 이유를 크게 두 가지로 말씀하고 있다. 첫째는 적극적이고, 긍정적으로, 행한 것을 말씀하고 있다. 둘째는 소극적이고, 부정적으로, 행하지 않은 것을 말씀하고 있다.

5) 먼저, 적극적으로 행한 것 두 가지 사실을 말씀하고 있다. 첫째는 예수를 증언했다는 이유이다. 둘째는 하나님의 말씀을 증거했다는 이유이다. 예수를 증언하고, 하나님의 말씀을 증거하여 사람들로 하여금 회개를 촉구했다는 이유로 대적자들에 의해서 목숨을 잃은 자들이다(계 1:2, 9, 12:17, 19:10).

6) 그 다음, 소극적으로 행하지 않은 것을 말씀하고 있다. 무엇을 하지 않았는가? 크게 두 가지 사실을 말씀하고 있다. 첫째는 짐승과

그의 우상에게 경배하지 않았다는 것이다. 둘째는 이마와 손에 짐승의 표를 받지 아니했다는 것이다. 그러니까 하나님께 마땅히 돌려야 할 경배와 예배를 짐승과 우상에게 돌리지 않았을 뿐 아니라 이마와 손에 짐승의 표 받기를 아주 단호하게 거절했기 때문에 대적자들에게 목 베임을 당했다는 것이다.

7) 이것은 한마디로 천상의 승리한 교회의 모습이다. 이들은 한마디로 보좌에 앉아 심판하는 권세와 그리스도와 더불어 왕 노릇을 하는 축복 받은 자들이다. 천 년 동안 '살아서' 그리스도와 더불어 왕 노릇하고 있다. 이것은 순교자들에 대한 보상의 성격을 가지고 있다. 죽임을 당한 자들이 진정한 승리자이요, 강한 자이다.

2. 천 년 동안 왕 노릇한다.

1) 요한계시록 20:4에서 '영혼들'이라는 말씀에 주목해야 한다. 이어서 요한계시록 20:4-5에서 "살아서 그리스도와 더불어 천 년 동안 왕 노릇하니 (그 나머지 죽은 자들은 그 천 년이 차기까지 살지 못하더라) 이는 첫째 부활이라"고 한다. 여기서 우리말 개역개정은 대조된 운명을 지닌 자들에 대한 부연 설명을 (   )안에 넣고 있다.

2) 그리하여 요한계시록 20:4의 '목 베임을 당한 자들의 영혼들'과 요한계시록 20:5에서 '그 나머지 죽은 자들'이 대조를 보이고 있다. '영혼들'이란 죽임을 당한 후의 상태이다. 이것은 육은 이 세상

에 묻히지만, 영혼의 상태로 존재하고 있는 것이다. 그러나 반대로 죽은 자들은 여전히 죽은 상태임을 표현하고 있다. 하나님의 백성이 아닌 자, 예수 그리스도와 관계 없이 죽은 자들을 가리킨다. 또한 요한계시록 20:4의 '살아서'와 요한계시록 20:5의 '살지 못하더라' 역시 대조를 보이고 있다. '살아서'란 부정 과거형으로 두 짐승에게 비참하게 죽임을 당하였지만 실상은 살아 있다는 놀라운 선언이다(계 19:20). 그러나 반대로 '살지 못하더라'는 살지 못하고 죽은 상태를 말씀하고 있다. 육체적으로 죽었을 뿐만 아니라, 영적으로 죽은 상태를 말씀하고 있다.

3) 목 베임을 받아 보좌에 앉은 자들로 살아서 그리스도와 더불어 천 년 동안 왕 노릇하는 자를 가리켜 '첫째 부활에 참여하는 자'라고 한다. 이러한 첫째 부활에 참여하는 자가 복이 있고, 거룩한 자라는 것이다. 이것은 요한계시록의 축복 선언 일곱 개 가운데 다섯 번째이다(계 1:3, 14:13, 16:15, 19:9, 20:6, 22:7, 14).

4) 그러면서 첫째 부활에 참여한 자들이 복이 있고, 거룩한 자라는 사실을 크게 세 가지로 말씀하고 있다. 첫째, 둘째 사망이 그들을 다스리는 권세가 없다는 것이다. 둘째, 그들이 하나님과 그리스도의 제사장이 된다는 것이다. 셋째, 천 년 동안 그리스도와 더불어 왕 노릇한다는 것이다. 다시 말하면, 첫째 부활에 참여한 자들의 첫 번째 복은 사망을 면한 복이다. 두 번째 복은 하늘의 복이다. 세 번째 복은 왕 노릇이다.

5) 그러면 첫째 부활에 참여한 자들은 언제 예수 그리스도의 왕적 통 치에 동참하게 되는가? 바로 예수 그리스도의 대속으로 인해 거듭 난 거룩한 하나님의 백성이 되고 난 바로 그 순간부터 예수 그리스 도의 왕적 통치가 이미 이루어졌고, 이미 이루어진 왕적 통치가 미 래에도 그대로 이루어질 것이라는 것이다. 그것이 바로 누구에게 이루어지는가? '첫째 부활에 참여한 자들'이다.

6) 요한계시록 20:4-15을 요약하면 다음과 같다(참고, 요 5:29).

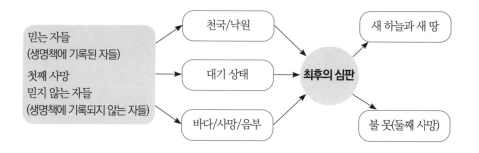

7) 요한계시록 20:4-6에서 첫째 사망은 언급하지 않고, '둘째 사망' 을 말씀하고 있다. 그리고 반대로 '첫째 부활'은 말씀하고 있는데, '둘째 부활'에 대한 언급을 하고 있지 않다. 반드시 첫째 사망이 있 어야, 둘째 사망도 있다. 그렇다면 첫째 부활이 있으니 반드시 둘 째 부활도 있다는 것이다. 여기 '둘째 부활'은 육체적 부활이다. 육 체적 부활은 예수 그리스도께서 재림하실 때 이루어지는 부활이 다. 영과 육이 하나가 되는 부활이다. 마치 '둘째 사망'이 예수 그 리스도의 재림 후에 부활한 몸과 함께 심판을 받아 영원한 형벌에

처해지는 것을 말씀하고 있는 것과 같은 원리이다.

8) 그렇다면 '첫째 부활'은 언제인가? 한마디로 말해서 예수 그리스도를 믿고 중생하여 생명을 얻어 하나님의 자녀가 된 자는 이미 첫째 부활을 한 자들이 되는 것이다. 이러한 사실을 사도 요한이 다섯 번째 환상을 통해 볼 것이다. 순교자들, 보좌에 앉은 자들 역시 이미 첫째 부활을 경험한 자들이다. 그래서 그들을 가리켜 '영혼들'이라고 한다. '죽은 자들'이라고 말하지 않는다. 또 그들을 가리켜 '살아서'라고 하는 것이다. 절대로 '살지 못하더라'고 하지 않는다. 그러므로 첫째 부활을 한 자들은 반드시 예수 그리스도께서 재림하시는 날, 영과 육이 하나가 되는 육체적 부활, 둘째 부활을 하게 될 것이다.

9) 용이 결박당하는 시간이 요한계시록 20:2에서 '천 년 동안'이라고 했다. 또 요한계시록 20:3에서 '천 년이 차도록'이라고 말씀했다. 용이 결박당하고, 감금당한 시간이 '천 년'이다. 오래 지속되어진 시간이요, 시작이 있으니 반드시 끝이 있는 제한된 시간이요, 한계가 있는 시간이요, 일시적인 시간이다. 이러한 '천 년'이 끝나면 그 후에 반드시 잠깐 놓이게 되는 것이다. 그리고 요한계시록 20:4에서 '…살아서 그리스도와 더불어 천 년 동안 왕 노릇하니'라고 말씀하고 있다. 또 요한계시록 20:5에서 '그 나머지 죽은 자들은 그 천 년이 차기까지 살지 못하더라'고 했고, 그리고 요한계시록 20:6에서 '…천 년 동안 그리스도와 더불어 왕 노릇하리라'고 말씀하고 있다. 요한계시록 20:5에서는 죽은 자들이 그 천 년이 차기까지 살

지 못한다고 하면서 역시 제한된 시간을 의미하고 있다. 한계가 있는 시간을 나타내고 있다. 그러면서 요한계시록 20:7에서 '천 년이 차매'라고 하면서 사탄의 완전한 패배를 말씀하고 있다. 미혹하는 마귀가 불과 유황 못에 던져지게 되는 것이다(계 20:9, 19:20, 20:14). 따라서 용이 천 년 동안 무저갱에 갇혀 있는 천 년과 천상의 순교자들, 즉 교회 공동체, 하나님의 백성이 그리스도와 더불어 천 년 동안 왕 노릇하는 시간이 동일하다는 것이다. 이러한 '천 년'에 대한 말씀은 계시록 6:10의 "큰 소리로 불러 이르되 거룩하고 참되신 대주재여 땅에 거하는 자들을 심판하여 우리 피를 갚아주지 아니하시기를 어느 때까지 하시려 하나이까 하니"라는 '언제까지'에 대한 질문이 바로 20장에 와서 '천 년'이라고 하는 것이다. 그렇다면 용이 패배하고, 그리스도의 통치가 언제부터 이루어졌는가? 분명히 창세기 3:15에서 여자의 후손이 '뱀의 머리를 상하게 하리라'고 했다. 예수 그리스도께서 십자가에 죽으심과 부활을 통해서 결정적으로 용은 타격을 입고 패배를 했다. 그래서 예수 그리스도께서 이 땅에 오심도 요한일서 3:8에서 '하나님의 아들이 나타난 것은 마귀의 일을 멸하려고 왔다'고 한다. 또한 히브리서 2:14에서 '죽음의 세력을 잡은 자 곧 마귀를 멸하시며'라고 말씀했다. 그래서 예수 그리스도께서 지상에 계실 때 마귀를 결박하고 귀신들을 내쫓아 주셨다(마 12:29, 막 3:27). 따라서 예수 그리스도께서 초림 때 이미 마귀를 결박하셨다. 그러면 언제까지 지속되는 것인가? 바로 예수 그리스도의 재림 때까지이다. 물론 예수 그리스도께서 지상 사역을 완수하시고 다시 영광의 보좌로 올라가신 승천 후를 용이 잠시 놓인 기간이라고 한정시킬 수도 있다. 어쨌든 예수 그리스도의 오심으로 말미암아 용의 활동이 제한된 기간이다. 이 기간 동안 용은 절대로 영혼들을 죽일 수 없다. 죽음과 음부의 열쇠를 가지신 예수 그리스도만이 생명의 절대적 주권을 가진 것이다.

그럼 '천 년 동안 왕 노릇'은 언제부터 이루어졌는가? 예수 그리스도께서 십자가에서 '다 이루셨다'고 외치면서부터이다(요 19:30). 창세기 2:1에서 '천지와 만물이 다 이루어지니라'고 말씀했는데, 요한복음 19:30에서 십자가 상에서 '다 이루었다'고 말씀했다. 예수 그리스도께서는 광야의 시험에서 마귀를 이기고 승리하셨다. 십자가에 못 박혀 죽으시고, 부활하심으로 승리하셨다. 그래서 요한복음 16:33에서 예수 그리스도께서 '내가 세상을 이겼노라'고 말씀했다. 그리고 이제 요한계시록 21:6에서 '이루었도다'라고 말씀하시고 있다. 예수 그리스도의 초림으로부터 시작하여 재림 때에 완전한 왕 노릇이 이루어지는 것이다. 이제 일시적인 천 년 왕국이 아니라, 영원한 천년왕국이 이루어지는 것이다. 제한되고, 한계가 있는 천년왕국이 아니라, 무제한이요, 무한계인 영원한 새 하늘과 새 땅, 일시적인 하나님 나라가 아니라, 영원한 하나님 나라가 이루어지는 것이다. 그러니 '천 년'은 문자적이고, 실제적 역사의 천 년이라는 의미보다는 신학적이고, 논리적이며 상징적인 의미로 예수 그리스도의 초림부터 예수 그리스도의 재림까지로 한정된 기간, 일시적인 기간이라고 말할 수 있다.

결론 요한계시록 20장을 어떻게 해석하느냐는 대단히 중요하다. 시간적이냐, 논리적이냐, 진행적이냐, 반복적이냐, 문자적이냐, 상징적이냐, 실재적이냐, 환상적이냐, 현재적이냐, 미래적이냐 등. 어떻게 이해하느냐에 따라 그 해석이 완전히 달라지게 된다.

1) 먼저 요한계시록 20장은 17-18장에 이어서 19장과 밀접하게 연결되어 있다는 사실을 이해할 필요가 있다. 17-18장에서 큰 음녀 바벨론의 멸망에 대해서 말씀했다. 또한 19장 중에서 요한계시록 19:20에서 두 짐승 즉 첫째 짐승과 거짓 선지자의 심판과 멸망에 대해서 말씀하고 있다. 그리고 이어서 20장에 와서는 요한계시록 20:1-10에서 용의 심판과 멸망에 대해서 말씀하고 있다(계 16:12-21의 역순서이다).

2) 요한계시록 19:19-21에서 두 짐승의 심판과 멸망에 대해서 말씀하고 이어서 요한계시록 20:1-10은 용의 심판과 멸망에 대해서 말씀하고 있다. 이것은 12장에서 용을 말씀하고, 13장에서 두 짐승에 대해서 말씀하고 있는 것의 역순서로 19장에서 두 짐승을 말씀하고, 20장에서 용을 말씀하고 있다. 따라서 요한계시록은 용을 먼저 말씀하다가, 두 짐승을 말씀하고, 두 짐승을 먼저 말씀하다가 용을 말씀하고 있다. 이것은 무엇을 말씀하고 있는가? 이는 요한계시록이 동시적이요, 상징적이요, 논리적이며, 반복적임을 보여주는 것이다.

3) 그렇다면 요한계시록 20장은 무엇을 말씀하고 있는가? 요한계시록 20:1-3은 요한계시록 19:11부터 이어지는 사도 요한이 본 환상 중 네 번째로 천사가 하늘로부터 내려와서 용을 잡아서 천 년 동안 결박하여 감금한 사실을 말씀하고 있다. 지상에서 이루어진 일을 말씀하고 있다. 이미 과거에 이루어진 일을 중심으로 말씀하고 있다. 예수 그리스도의 초림으로 말미암아 용의 세력이 무력화 되었음을 말씀하고 있다. 하지만 여전히 용이 존재하는 것은 용의 이중적 성격 때문이다. 비록 용이 결박당했지만 죽고 없어진 것이 아니라는 것이다. 여전히 용이 존재하고 있다는 것이다.

4) 그리고 이어서 요한계시록 20:4-6은 사도 요한이 본 다섯 번째 환상으로 지상에서 천상으로 전환되고 있다. 요한계시록 20:4-6은 한마디로 천상에서 예수 그리스도께서 다스리는 나라에 참여한 순교자들, 천상의 교회 공동체, 승리한 교회들이 받는 복을 말씀하고 있다. 그리스도와 더불어 천 년 동안 왕 노릇 하는 것을 말씀하고 있다. 이렇게 네 번째 환상과 다섯 번째 환상은 아주 밀접하게 연결되어 있다. 하나님께서는 사도 요한에게 서로 다른 대조를 통해서 환상을 보여주고 있다. 네 번째 환상이 한마디로 지상에서 천 년 동안 용이 결박, 감금당한 것을 말씀하고 있다면, 다섯 번째 환상은 한마디로 천상에서 보좌에 앉은 자들이 그리스도와 천 년 동안 왕 노릇 하는 것을 말씀하고 있다. 그것도 보좌에 앉은 자들뿐만 아니라, 첫째 부활에 참여하는 자들도 복 있는 자로 그리스도와 더불어 천 년 동안 왕 노릇 한다는 것이다.

5) 그러니까 세상에서는 막강한 권력을 가지고 대단한 것처럼 보이
   지만 천사에게 사로잡혀 감옥에 감금된 연약하고 보잘것없는 용
   의 패배자의 길과 철저하게 대조적으로 세상에서는 비참하게 목
   베임을 당하였지만, 천상에서 보좌에 앉아서 그리스도와 더불어
   천 년 동안 왕 노릇하는 승리자의 길을 보여주고 있다. 그것도 다
   섯 번째 환상을 통해서 예수 그리스도께서 십자가에 못 박혀 죽으
   시고, 부활하시고, 승천하시어 천상에서 온 세상의 왕으로, 만왕의
   왕으로, 만주의 주로서 왕 노릇을 하시는 것과 마찬가지로 첫째 부
   활에 참여한 자도 그 예수 그리스도와 더불어 이미 현재 왕 노릇하
   고 있고, 앞으로도 왕 노릇한다는 것이다. 이렇게 첫째 부활에 참
   여하는 자는 복이 있는 거룩한 자라는 것이다. 왜냐하면 그리스도
   와 더불어 천 년 동안 왕 노릇하기 때문이다.

천 년이 끝나면 사탄은 풀려나와

And when the thousand years are expired, Satan shall be loosed out of his

prison,

요한계시록 20:7

07

천 년이 차매 / 또 내가
보니 생략 혹은 없음

07 천 년이 차매 / 또 내가 보니 생략 혹은 없음

성경 : 요한계시록 20 : 7 - 10

> **서론** 요한계시록 20장은 19장과 아주 밀접한 관계를 가지고 있다. 요한계시록 19:11에서 사도 요한은 첫 번째 환상을 보게 된다. 이어서 요한계시록 19:17에서 두 번째 환상을 보게 된다. 그리고 요한계시록 19:19에서 세 번째 환상을 보게 된다.

1) 또 요한계시록 20:1-3에서 사도 요한은 네 번째 환상을 보게 된다.

요한계시록 20:1에서 "또 내가 보매…"라고 하면서 천사가 무저갱의 열쇠와 큰 쇠사슬을 가지고 하늘로부터 내려 와서 용을 잡아서 결박하고 감금하게 된다. 그것도 천 년 동안 결박하고 감금하고 있는 것을 보게 된다. 그러면서 용의 정체성을 밝혀 용은 옛 뱀이요 마귀요 사탄이라고 한다. 그리고 이어서 용을 잡아서 무저갱에 던져 넣어 잠그고 인봉하여 천 년이 차도록 다시는 만국을 미혹하지 못하게 한다. 용의 결박과 감금이 천 년 동안 지속되어질 것을 말씀하고 있다. 그리고 그 후에 반드시 잠깐 놓이게 된다고 말씀하고 있다. 그러면서 용의 이중적 성격을 말씀하고 있다. 이렇게 요한계시록 20:1-3에서는 지상에서 이미 과거에 이루어진 일을 중심으로 기록하고 있다.

2) 요한계시록 20:4-6에서 사도 요한은 다섯 번째 환상을 보게 된다.

요한계시록 20:4을 시작하면서 "또 내가 보좌들을 보니…"라고 하면서 보좌에 앉은 자들을 보게 된다. 그것도 심판하는 권세를 받은 자들을 보게 된다. 그러면서 이들의 정체성을 목 베임을 당한 영혼들이라고 밝혀 준다. 그러면 무엇 때문에 이들은 목 베임을 당했는가? 그것은 예수를 증언하고, 하나님의 말씀대로 살다가 그렇게 되었다. 또 짐승과 그의 우상에게 경배하지 않고 그들의 이마와 손에 그의 표를 받지 않고, 신앙의 지조를 지키다가 그렇게 되었다. 이들이 '살아서' 그리스도와 더불어 천 년 동안 왕 노릇을 하고 있다. 그러나 그 나머지 죽은 자들은 그 천 년이 차기까지 살지 못한다고 한다. 그러면서 첫째 부활에 대해서 말씀하면서 첫째 부활에 참여하는 자들은 복이 있다고 선언한다. 첫째 부활에 참여하는 자들의 복을 세 가지로 말씀하고 있다. 첫째는 둘째 사망에서 제외되는 복이다. 둘째는 하나님과 그리스도의 제사장이 되는 복이다. 셋째는 천 년 동안 그리스도와 더불어 왕 노릇하는 복이다. 따라서 요한계시록 20:4-6에서는 천상에서 현재 이루어지고 있는 일을 중심으로 말씀하고 있다.

3) 요한계시록 20:1-3과 20:4-6 즉 사도 요한이 본 네 번째 환상과 다섯 번째 환상은 매우 밀접하게 연결되어 있다.

요한계시록 20:1-6을 따로 떼어 생각하는 것은 정당하지 않다고 본다. 따로 떼어서 이해하는 것은 옳지 않다. 서로 긴밀하게 연결되어 있기 때문이다. 그것도 서로 대조적으로 말씀하고 있다. 요한계시록 20:1-3이 과거를 중심으로 지상에서 이미 이루어진 용의 결박에 대해서 말씀하고 있다면, 요한계시록 20:4-6은 현재를 중심으로 천상에서 순교자들이 천 년 동안 왕 노릇하고 있는 것을 말씀하고 있다. 그것도 목 베임을 당한 자들의 영혼들뿐만 아니라, 첫째 부활에 참여하는 자들도 천 년 동안 그리스도와 더불어 왕 노릇을 한다고 말씀하고 있다. 지상에서 천상으로, 과거에서 현재로 옮겨지고 있다. 용에서 순교자들과 첫째 부활에 참여하는 자로 전환되고 있다.

4) 요한계시록 20:7을 시작하면서 우리말 개역개정에도 단락을 시작하는 O이 표시되어 있다.

그런데 놀랍게도 지금까지 그렇게도 자주, 사도 요한이 계속해서 사용해 오던 '또 내가 보니…'라는 말씀을 기록하고 있지 않다. 그러면서 요한계시록 20:11에 가서 다시 '또 내가 크고 흰 보좌와 그 위에 앉으신 이를 보니…'라고 하면서 여섯 번째 환상을 말씀하고 있다. 그렇다면 요한계시록 20:7-10의 말씀을 어떻게 이해해야 하는가? 왜 '또 내가 보니…'라는 말씀을 기록하지 않고 있는가? 성경의 기록이 잘못되었는가? '또 내가 보니…'라는 말씀을 내 마음대로 삽입해서 첨가해도 되는가? 그것은 아니다. 분명히 성경이 하나님의 말씀이요, 일점 일획이라도 틀린 것이 없기 때문이다. 그렇다면 우리는 한번쯤 생각해 보아야 한다. 그럼 왜 '또 내가 보니…'라는 말씀을 기록하고 있지 않는가? 도대체 그 이유가 무엇인가? 그리고 이러한 이유를 발견하기 위해서는 먼저 선행되어야 할 것이 있다. 절대로 요한계시록 20:7-10은 요한계시록 20:1-6과 따로 떨어져 있는 것이 아니라는 사실이다. 요한계시록 20:7-10은 요한계시록 20:1-6의 말씀과 아주 밀접하게 연결되어 있다는 사실이다. 그 이유는 요한계시록 20:1-6의 말씀과 요한계시록 20:7-10의 말씀이 합쳐져 하나의 단락을 이루고 있기 때문이다. 그것은 계속해서 '천 년'에 대해서 일관되게 연결되어 있기 때문이다(계 20:2, 3, 4, 5, 6, 7).

1. 사탄이 그 옥에 놓여지게 된다.

1) 요한계시록 20:7은 우리말 개역개정에 번역이 되어 있지 않지만, 원문에는 접속사 '카이'(Καὶ)로 연결되고 있다. 그렇다면 20:7은 어디와 연결되는가? 어디와 연결시키는 것이 자연스러운 연결인가? 그것은 바로 요한계시록 20:3과 연결시키는 것이다.

2) 이것을 생각하기 전에 요한계시록 20:1-10을 전체적으로 먼저 생각해 보아야 한다. 왜냐하면 요한계시록 20:1-10은 계속해서 '천 년'에 대해서 말씀하면서 서로 전체적으로 연결되어 있기 때문이다. 총 6번이나 언급하면서 하나의 덩어리를 이루고 있다(계 20:2, 3, 4, 5, 6, 7). 그럼에도 불구하고 주제적으로 시간적으로 서로 구분이 되고 있다. 그것도 세 소단락으로 이루어져 있다. 첫째는 요한계시록 20:1-3이고, 둘째는 요한계시록 20:4-6이고, 셋째는 요

한계시록 20:7-10이다. 그래서 요한계시록 20:1-10을 전체적으
로 보면서, 이것을 구조적으로 보면 다음과 같다.

- A 계 20:1-3 천 년의 배경 : 천 년간 무저갱에 갇힌 용(사탄) –
  과거, 지상, 초림
- B 계 20:4-6 천 년의 전개 : 천 년간 그리스도와 더불어 왕 노릇
  – 현재, 천상, 승천
- A' 계 20:7-10 천 년의 운명 : 천 년 후 풀려난 용(사탄)의 도전
  과 패망 – 미래, 지상, 재림

3) 요한계시록 20:1-3의 A와 요한계시록 20:7-10의 A'에 모두 사탄
이 기록되어 있다. 하지만 요한계시록 20:4-6의 B에서는 이와 달
리 천 년 동안 그리스도와 더불어 왕 노릇하는 것을 말씀하고 있
다. 시기적으로 보면 과거-현재-미래로 이루어지고 있다. 또 주제
적으로 보면 용 즉 사탄-그리스도와 더불어-사탄으로 이루어지고
있다. 그리고 공간적으로 보면 지상-천상-지상으로 이루어지고
있다. 이렇게 요한계시록 20:1-3과 20:7-10은 아주 밀접하게 연
결되어 있다. 이 두 부분 모두 용인 사탄에 대해서 공통적으로 말
씀하고 있다. 그것도 요한계시록 20:1-3과 20:7-10의 내용 자체
가 역으로 서로 짝을 이루고 있다. 요한계시록 20:1-3에서 시작된
사탄에 대해서 요한계시록 20:7-10에서 마무리 되고 있다. 이 부
분을 도표로 비교해 보면 다음과 같다.

계 20:1-3	계 20:7-10
A 20:1-3b 하늘에서 천사가 내려와 용을 잡아 무저갱에 던진다.	A' 20:9b-10 하늘에서 불이 내려오고 마귀는 불 못에 던져진다.
B 20:3b 무저갱에 갇혀 열방(만국)을 미혹하지 못하게 한다.	B' 20:8-9a 그곳에서 풀려나 열방을 미혹하여 전쟁에 참여하게 한다.
C 20:3c 천 년 후에 풀려 날 것이라고 예언된다.	C' 20:7 천 년이 차매 그 묶인 것에서 풀려난다.

4) 이렇게 요한계시록 20:7-10은 20:1-3과 아주 밀접하게 연결되어 있다. 그중에서도 요한계시록 20:7은 요한계시록 20:3과 역병행 순서로 연결되어 있다. 그래서 요한계시록 20:3의 '잠깐 놓이리라'는 말씀과 요한계시록 20:7의 '그 옥에서 놓여'라는 말씀이 서로 '루오'(λύω) 즉 '놓이다'라는 말씀으로 연결되어 있다. 요한계시록 20:3에서 '잠깐 놓이리라'는 말씀은 부정사 과거 수동태이다. 그러나 요한계시록 20:7에서 '놓여'라는 말씀은 3인칭 단수 미래 수동태이다. 그러니까 과거부터 하나님에 의해서 용이 결박당하여 계속 존재하고 있다가 미래에 잠깐 동안 놓이게 된다는 것이다. 그것도 '카이로스'(καιρός)가 아니라, '크로노스'(χρόνος) 때에 '신적 데이'(δεῖ)로 반드시 놓이게 된다는 것이다. 이미 과거에도 놓였었는데, 이제는 완전히 놓이게 될 것이라는 것이다.

5) 그리고 요한계시록 20:2에서 '용을 잡으니 곧 옛 뱀이요 마귀요 사탄이라'고 했다. 이제 요한계시록 20:7에서 '사탄이 그 옥에서 놓여'라고 하면서 사탄을 언급하고 있다. 그리고 요한계시록 20:3에서 '무저갱에 던져 넣어 잠그고'라고 했는데, 이제 요한계시록

20:7에서 '그 옥에서'라고 한다. 이렇게 용 즉 사탄이 놓이게 된다.

6) 그럼 언제 용 즉 사탄은 놓이게 되는가? '천 년이 차매'라고 한다. 여기 '천 년'은 요한계시록 20:2-3에서 용 즉 사탄의 결박, 감금과 관련하여 말씀하는 '천 년 동안', '천 년이 차도록'과 동일하다. 용 즉 사탄과 관련하여 말씀하고 있다. 또 요한계시록 20:5에서 나머지 죽은 자들에 대하여 말씀한 '그 천 년이 차기까지'와도 동일하다. 그리고 요한계시록 20:4-6에서의 '천 년 동안 왕 노릇 하리라'와도 동일하다. 그리스도와 관련하여 말씀하고 있다. 이제 요한계시록 20:7에 와서 '천 년이 차매'라고 한다. 죽은 자들 및 종말과 관련하여 말씀하고 있다. '천 년'은 상당히 긴 시간이다. 완전한 기간이다. 그렇지만 반드시 그 시작과 끝이 있는 기간이다. 그러면서 '천 년'은 일시적이요, 한시적이요, 제한적인 의미를 갖고 있다. 절대로 영원한 시간이 아니다. 무제한적이거나, 영구적인 것이 아니다. 이 '천년왕국'에 대하여는 세 가지 학설이 있다. 전 천년설, 후 천년설, 유(無) 천년설이 그것이다. 세 학설의 공통점은 모두 예수 그리스도의 재림을 인정하고 있다. 따라서 예수 그리스도의 재림 이전과 이후로 나누어 생각하면 예수 그리스도 재림 이전에는 일시적인 왕국 즉 이미 실현된 하나님의 나라이고, 예수 그리스도 재림 이후에는 영원한 왕국 즉 아직 이루어지지 않은 하나님의 나라이다.

7) 그럼 언제 사탄의 완전한 패배와 예수 그리스도의 완전한 승리가 이루어지는가? 이미 예수 그리스도의 초림으로 이루어졌고, 예수 그리스도의 재림 때까지 지속되는 것이다. 그것은 사탄의 이중성

때문이다. 바로 '천 년이 차매'라는 말씀에서 이 날은 예수 그리스도의 재림하시는 날이다. 따라서 '천 년'은 예수 그리스도의 초림부터 예수 그리스도의 재림까지 제한되고, 한정된 일시적인 시간을 의미한다.

8) 요한계시록 20:8에서 '천 년이 차매 사탄이 그 옥에서 놓여' 치열한 곡과 마곡의 전쟁을 하게 된다(겔 38-39장). 땅의 사방 백성 즉 온 세상과의 치열한 전쟁은 요한계시록 16:14-16, 19:19-21, 20:8-9이 모두 동일한 전쟁이다. 모두 다 정관사를 붙여 '그 전쟁'으로 말씀하고 있다. 또한 세 곳 모두 다 '모으다'라는 동사가 공통적으로 사용되고 있다. 절대로 서로 다른 전쟁이라고 생각하면 안된다. 한 마디로 악의 세력과 선의 세력이 치열하게 치루게 될 전쟁이다. 단지 하나의 전쟁을 서로 다른 문맥에서 서로 다르게 말씀하고 있다.

2. 마귀가 불 못에 던져지게 된다.

1) 아주 치열한 곡과 마곡의 전쟁이 일어난다. 엄청난 숫자와 전쟁을 하게 된다. 요한계시록 20:9에서 '그들이 지면에 널리 퍼져 있다'고 한다. 그것도 요한계시록 20:8에서 땅의 사방 백성을 곡과 마곡이라고 하면서, 동격으로 말씀하고 있다. '곡'은 에스겔 38:2에 보면 '로스와 메섹과 두발 왕'을 지칭하고 있다(대상 5:4). 또한 '마곡'

은 에스겔 38:2, 6에서 '극한 북방' 곧 '로스와 메섹과 두발 왕'이 거하는 장소를 가리키고 있다. 에스겔 선지자는 에스겔 38-39장에서 마지막 때에 있을 이스라엘에 대한 침공을 묘사하는데, 그 전쟁에서 공격자들을 가리키고 있다. 물론 그 공격자들은 전쟁 끝에 완전히 패배당하게 된다. 하지만 바다 모래같이 모인 사탄의 세력은 지면에 널리 퍼져 엄청난 수의 종말론적 적대 세력 곧 곡과 마곡을 수용할 수 있는 거대한 평원에 모여 전쟁을 치루게 된다.

2) 누구와 전쟁을 치루게 되는가? 누구를 공격하고 있는가? '성도들의 진과 사랑하시는 성'을 공격해 오고 있다. 즉 교회를 공격해 오고 있다. 그러나 걱정하거나 두려워할 필요가 없다. 아무리 악의 세력의 숫자가 많고 그들이 연합해서 공격해 온다고 할지라도 절대로 겁먹을 필요가 없다. 왜 그런가? 요한계시록 20:9에서 '…하늘에서 불이 내려와 그들을 태워 버리고'라고 한다. 요한계시록 20:1을 시작하면서 '천사가 하늘로부터 내려 와서 용을 잡으니…'라고 했다. 이제는 하늘에서 불이 내려와서 그들을 태워 버리기 때문이다.

3) 여기 '불'이라는 단어에 관심을 가져야 한다. 이것 역시 에스겔 38:22과 연관성을 가지고 있다. 곡과 마곡에 대한 불의 심판을 말씀하고 있다. 또한 하늘로부터 내려온 불로 50명의 군인을 몰살시킨 엘리야의 기적을 연상하게 된다(왕하 1:1-18). 그리고 제자 요한과 야고보가 예수님의 공생애 기간 중에 자신들을 영접하지 않는 사마리아에 불 심판을 내릴 것을 제안하기도 했다(눅 9:54). 이렇게

하늘에서 불이 내려 철저하게 심판하게 된다. 사탄의 세력, 그 수많은 엄청난 세력은 하늘에서 내리는 불로 말미암아 소멸된다. 하나님의 심판의 불이 그들을 삼켜 버리는 것이다.

4) 그리고 그 결과가 어떠한가? 요한계시록 20:10에서 '그들을 미혹하는 마귀가 불과 유황 못에 던져지게' 된다. 여기 '던져지니'는 부정 과거 수동태이다. 하나님께서 사탄 곧 마귀를 불과 유황 못에 던지기로 이미 예고하신 그대로 불과 유황 못에 던지게 된다는 것이다. 이렇게 사탄이 최종적으로 처해진 곳은 불과 유황으로 된 불 못이다.

5) 그러면서 거기는 그 짐승과 거짓 선지자도 있어 세세토록 밤낮으로 괴로움을 받게 된다고 말씀하고 있다. 사탄의 최종적인 운명에 짐승과 거짓 선지자도 동참하고 있음을 말씀하고 있다(계 19:20). 따라서 요한계시록 19:19-21의 전쟁이나 요한계시록 20:7-10의 전쟁이나 동일한 전쟁이라는 사실을 알 수 있다. 왜냐하면 요한계시록 19:19-21에 기록된 소위 두 짐승 즉 첫째 짐승과 거짓 선지자의 심판과 멸망이나, 요한계시록 20:7-10에 기록된 사탄 즉 마귀의 심판과 멸망이 모두 유황 불 붙는 못에 던져지는 동일한 운명에 처해지기 때문이다(참고 계 20:14, 21:8).

6) 요한계시록 19:20에서는 두 짐승의 정체를 밝히면서 '…이는 짐승의 표를 받고 그의 우상에게 경배하던 자들을 표적으로 미혹하던 자라…'고 말씀하고 있다. 이 두 짐승은 미혹하던 자라고 한다. 이와 동일하게 요한계시록 20:10에서는 사탄 즉 마귀의 정체를 밝히면서 '또 그들을 미혹하는 마귀…'라고 한다. 그런데 단지 차이가

있다면 요한계시록 20:10에서는 '…세세토록 밤낮 괴로움을 받는다'고 한다. 미래 수동태로 사탄이 당하는 고통은 궁극적으로 하늘에서 내려진 불 심판으로 말미암아 이루어지는 것이다.

7) 다시 말하면 하나님의 심판에 의한 것임을 분명하게 말씀하고 있다. 그런데 사탄이 당하는 고통이 세세토록(계 1:6, 18, 4:9, 10, 5:13, 7:12, 10:6. 11:15), '밤 낮'(계 4:8, 7:15, 12:10, 14:11) 지속될 것이라는 사실을 강조하고 있다. 사탄이 당할 고통이 지극히 극심할뿐만 아니라, 영원하다는 사실을 매우 강조하고 있다. 사탄은 세세토록 밤낮 영원히 고통을 당하게 되는 것이다. 그러니까 사탄은 과거에 교회를 미혹하고, 유혹하여 일시적으로 고통을 주었지만, 이제 사탄은 하늘에서 내려진 불 심판, 하나님의 심판으로 영원히 고통을 받는다는 것이다.

결론 요한계시록 20장은 대단히 많은 논란이 일어나는 장이다. 아직도 여전히 제대로 해결되지 못하고, 많은 논란의 대상이 되고 있다. 크게 세 가지 학설이 있다. 전 천년설과 후 천년설과 유(무) 천년설이다. 그러나 이 세 가지 학설의 공통점이 있다. 그것은 크게 두 가지이다. 하나는 예수 그리스도의 재림이다. 다른 하나는 '천년왕국'이다. 모두 인정하고 있다. 물론 차이점이 있다면 예수 그리스도의 재림 이전이냐, 이후이냐의 견해의 차이이고, 또 다른 하나는 역사적 실재 천 년이냐, 아니면 상징적인 천 년이냐의 견해의 차이이다.

1) 그렇다면 우리가 확실하게 믿어야 할 것이 무엇인가? 예수 그리스도의 재림을 믿어야 한다. 또한 '천년왕국'이 존재한다는 사실을 믿어야 한다.

2) 사실 요한계시록 20장에서는 '천 년'이라는 말씀을 6번이나 기록하고 있지만, 왕국이라는 말씀은 어디에도 없다. 왕국이라는 말씀이 없고, 그 대신에 우리말 개역개정에서는 '왕 노릇'이라는 말씀이 있다. 이러한 '왕 노릇'은 요한계시록 20:4과 20:6에 두 번 기록되어 있다. 그것도 '그리스도와 더불어'라고 하면서 두 번 다 '그리스도'와 관련하여 기록하고 있다.

3) 용 즉 사탄과 관련해서 그냥 '천 년 동안'이다. '천 년이 차도록'이다. '천 년'이란 한계와 제한을 말씀하고 있다. 그러면서 왕 노릇이라는 말씀도 없다. 또 종말과 관련해서도 그냥 '천 년이 차기까지'이다. 또 '천 년이 차매'라고 한다. '천 년'이란 한계가 있고, 제한이 있고, 시작이 있었으면 끝이 있다는 것이다. 그러면서 역시 왕 노릇이라는 말씀이 없다. 오직 20:4-6에서만 '그리스도와 더불어 천 년 동안 왕노릇'을 말씀하고 있다.

4) 그런데 여기 '왕 노릇'이라는 말씀은 '바실류오'(βασιλεύω)라는 말씀이다. 통치하다. 다스린다는 말씀이다. 그것도 요한계시록 20:4에서 '그리스도와 더불어 천 년 동안 왕 노릇하니'(ἐβασίλευσαν μετὰ τοῦ Χριστοῦ χίλια ἔτη)로 3인칭 복수 과거 능동태 직설법으로 되어 있다. 과거형으로 왕 노릇을 말씀하고 있다. 또 한 번은 20:6

에서 '하나님과 그리스도의 제사장이 되어 천 년 동안 그리스도와 더불어 왕 노릇하리라'(ἀλλ᾽ ἔσονται ἱερεῖς τοῦ θεοῦ καὶ τοῦ Χριστοῦ, καὶ βασιλεύσουσιν μετ᾽ αὐτοῦ τὰ χίλια ἔτη.)로 3인칭 복수 미래 능동태 직설법으로 되어 있다. 미래형으로 왕 노릇을 말씀하고 있다. 그것도 백마 탄 자이신 예수 그리스도의 왕 노릇이 아니라, 요한계시록 20:4과 20:6에서 말씀하는 보좌에 앉은 자들, 목 베임을 당한 자들, 지금 현재 천상에 살아 있는 자들의 왕 노릇이다. 또 하나는 첫째 부활에 참여하는 자들이 장차 미래에 왕 노릇하게 될 것이라는 것이다. 현재에서 미래에 왕 노릇을 말씀하고 있다.

5) 그럼 왕 노릇이 언제부터 시작되었는가? 그리고 또 언제 이러한 왕 노릇이 온전히 이루어지게 되는 것인가? 한마디로 말해서 예수 그리스도 초림과 재림을 기준으로 이루어지는 것이다. 예수 그리스도 재림 이전에도 왕 노릇 즉 하나님의 통치가 이루어졌다. 언제부터인가? 예수 그리스도가 초림하심으로 이 땅에 하나님의 통치가 이루어졌다. 예수 그리스도가 십자가에 못 박혀 죽으심과 부활하시고 승천하심으로 하나님의 통치가 시행되고 있다. 하나님의 통치가 성취되었다. 그런데 이러한 하나님의 통치가 언제 완성되게 되는가? 언제 온전히 이루어지게 되는가? 그것은 바로 예수 그리스도의 재림 이후에 하나님의 온전한 통치가 이루어지는 것이다.

6) 그래서 예수 그리스도의 재림을 중심으로 크게 두 가지로 나누었으면 한다. 하나는 일시적인 하나님의 통치이다. 제한된, 한시적인 하나님 나라이다. 이미 실현된 하나님의 나라이다. 과거부터 시작

하여 현재까지 계속 존재하는 하나님의 나라이다. 영구적으로 존재하는 것이 아니라 제한적으로 존재하는 하나님의 나라이다. 또 다른 하나는 영원한 하나님의 통치이다. 무제한, 영구적인 하나님의 나라이다. 아직 이루어지지 않았고 미래에 이루어질 하나님의 나라이다. 과거부터 시작하여 현재 존재하고 있을 뿐만 아니라, 여전히 미래의 완성을 향해서 계속적으로 나아가는 하나님의 나라이다. 마지막 최종적으로 완성되는 하나님의 나라이다.

7) 그러니까 예수 그리스도의 재림을 중심으로 재림 이전에 지금의 하나님의 나라, 일시적이요 한계가 있는 하나님의 나라가 있다. 치열하게 불의와 싸우는 전쟁의 나라이다. 그러나 재림 이후에는 완성된 하나님의 나라, 영원한 하나님의 나라, 최종 목적이 이루어진 미래적인 나라이다. 더 이상 투쟁할 필요도 전쟁할 필요도 없는 승리한 나라이다.

나는 또 크고 흰 보좌와 그 위에 앉아 계신 분을 보았습니다. 땅과 하늘도 그분
앞에서 사라져 흔적조차 찾아볼 수 없었습니다.
And I saw a great white throne, and him that sat on it, from whose face the
earth and the heaven fled away; and there was found no place for them.
요한계시록 20:11

08

또 내가…보니(6), (7)

08 또 내가…보니(6), (7)

성경 : 요한계시록 20 : 11 - 15

> **서론** 요한계시록 20장은 대단히 논란이 되는 장이다. 소위 말하는 '천년왕국'의 문제이다. 이러한 문제는 결국 요한계시록 20장을 어떻게 해석하느냐에 따라 달라지게 되어 있다. 요한계시록 20장을 시기적으로 보느냐, 구조적으로 보느냐, 연대기적으로 보느냐, 논리적으로 보느냐, 역사적으로 보느냐, 환상적으로 보느냐, 문자적으로 보느냐, 상징적으로 보느냐, 현재적으로 보느냐, 미래적으로 보느냐, 점진적으로 보느냐, 반복적으로 보느냐 등으로 첨예하게 대립하고 있다.

1) 그런데 이것보다 더 중요한 것은 바로 예수 그리스도의 재림을 기준하여 언제로 보느냐는 것이다. 예수 그리스도의 재림 이전으로 보느냐, 재림 이후로 보느냐는 것이다. 예수 그리스도 재림 이전으로 보면, 예수 그리스도 초림부터 시작하여 예수 그리스도 재림까지 즉 일시적인 하나님의 나라, 한시적으로, 제한된 하나님의 나라, 이미 과거에 실현된 하나님의 나라이다. 그 실현된 하나님의 나라가 지금 현재까지 지속되고 있는 '천년왕국'인 것이다.

2) 그러나 예수 그리스도의 재림 이후로 보면, 예수 그리스도의 재림

으로 시작하여 새 하늘과 새 땅이 이루어지는 새 창조의 역사로, 영원한 하나님의 나라, 무제한으로, 영구적인 하나님의 나라이다. 현재 이루어지고 있는 나라와는 다른 미래적인 하나님의 나라이다. 현재적 하나님의 나라의 관점에서 보면 장차 미래에 이루어질 하나님의 나라, 완성되어질 하나님의 나라이다.

3) 그래서 예수 그리스도의 재림을 기준으로 하여 일시적인 하나님의 나라와 영원한 하나님의 나라로 구분했으면 한다. 이미 이루어진 하나님 나라, 일시적인 하나님의 나라, 실현된 하나님의 나라가 소위 말하는 '천년왕국'이다. 예수 그리스도의 재림 이전에 이미 이루어진 나라이다. 예수 그리스도의 초림으로 이미 이루어진 하나님의 나라이다. 이것은 과거적이요, 현재적이다. 제한적이다. 그러나 아직 이루어지지 않은 영원한 하나님의 나라, 미래적인 하나님의 나라가 '천년왕국' 이후에 이루어지는 것이다. 예수 그리스도의 재림으로 말미암아 장차 이루어질 나라이다. 예수 그리스도의 초림은 이루어졌지만, 아직 예수 그리스도의 재림은 이루어지지 않았다. 아직 실현되지 않은 하나님의 나라이다. 예수 그리스도의 재림으로 말미암아 이루어지는 하나님의 나라이다. 이것은 미래적이요 영구적이며 영원하다.

4) 그 이유는 요한계시록 20장은 12장과 밀접하게 연관되어 있기 때문이다. 요한계시록 12장은 용에 대해서 말씀하고, 이어서 13장은 두 짐승에 대해서 말씀하고 있다. 이것을 요한계시록 19장에서는 두 짐승을 말씀하시고, 이어서 20장에서는 용에 대해서 역순서

로 말씀하고 있다. 이러한 사실을 통해서 요한계시록은 연대기적 기록이라기보다 논리적 기록이라는 것을 알 수 있다. 만약에 연대기적으로 기록되었다면, 앞에서 용을 먼저 기록하고, 그 다음에 두 짐승을 기록했으니, 그 순서를 그대로 따라야 하지 않겠는가? 그런데 그렇게 하지 않고, 순서를 바꾸어서 역순으로 기록하고 있는 것을 보면 연대기적 기록이 아니라, 논리적 기록이라는 사실을 알 수 있다.

5) 또한 요한계시록 20장은 16장과 밀접하게 연결되어 있기 때문이다. 16장의 일곱 대접 심판 중에 여섯 번째 대접 심판과 일곱 번째 대접 심판(계 16:12-21)에서는 용과 두 짐승과 바벨론의 심판과 멸망을 아주 간단하게 말씀하고 있다. 이것을 역병행으로 17-18장에서는 바벨론의 심판과 멸망을 말씀하고, 19장에서 두 짐승의 심판과 멸망을 말씀하고, 이어서 20장에서 용의 심판과 멸망을 말씀하고 있다. 그것도 아주 구체적으로 말씀하고 있다. 이러한 사실로 보아 요한계시록 기록 자체가 연대기적으로 기록되기보다는 대단히 논리적으로 기록되어 있다는 것을 뜻하는 것이다. 만약 요한계시록이 연대기적으로 기록되었다면, 용-두 짐승-바벨론의 순서 그대로 기록되어야 하는데, 그 반대로 바벨론-두 짐승-용의 순서로 기록하여 이것이 논리적 순서라는 사실을 말해주고 있다.

6) 그리고 요한계시록 20장은 19장과 아주 밀접하게 연결되어 있기 때문이다. 요한계시록 19:11에서 '또 내가…보니'라고 하면서 첫 번째 환상을 말씀하고 있다. 이어서 요한계시록 19:17에서 '또 내

가 보니…'라고 하면서 두 번째 환상을 말씀하고 있다. 그리고 요한계시록 19:19에서 '또 내가 보매…'라고 하면서 세 번째 환상을 말씀하고 있다. 그리고 나서 요한계시록 20:1에서 '또 내가 보매…'라고 하면서 네 번째 환상을 말씀하고 있다. 이어서 요한계시록 20:4에서 '또 내가…보니…'라고 하면서 다섯 번째 환상을 말씀하고 있다. 그래서 요한계시록 20:1-10은 다음과 같은 구조를 형성하고 있다.

- A 계 20:1-3 천 년 동안 무저갱에 결박된 사탄 / 용 즉 사탄의 결박
-   B 계 20:4-6 천 년 동안 그리스도와 더불어 왕 노릇 / 교회 공동체 왕 노릇
- A' 계 20:7-10 천 년이 다 찬 후에 맞이하게 된 사탄의 운명 / 용 즉 사탄의 심판

7) 그리고 요한계시록 20:7에서 '또 내가 보니…'라는 말씀을 생략했다가 다시 요한계시록 20:11에 와서 '또 내가…보니'라고 시작하면서 여섯 번째 환상을 말씀한다. 그러니까 사도 요한은 19장에서 세 개의 환상을 보고, 20장에서 세 개의 환상을 보고 있다. 따라서 요한계시록 19장과 20장은 역사적 실제 사건을 말씀하는 것이 아니라, 하나님께서 사도 요한에게 보여주신 환상의 사건을 기록하고 있다. 물론 이러한 것이 역사적으로 실제 이루어지지 않는다는 말이 아니다. 역사적으로 실재했던 것을 말씀하는 것이 아니라, 현재 이루어지고 있고, 장차 이루어질 것을 환상을 통해 말씀하는 것이다. 그래서 19장과 20장은 실제로 일어날 사건을 연대기적으로

기록한 것이 아니라, 하나님께서 환상으로 보여주신 것을 논리적으로, 상징적으로 기록한 것이다.

8) 이제 요한계시록 20:11에서 '또 내가…보니'라고 하면서 사도 요한은 여섯 번째 환상을 기록하고 있다. 또 다른 관점에서 여섯 번째 환상을 기록하고 있다. 이 여섯 번째 환상은 요한계시록 20:4-6의 다섯 번째 환상을 이어 받고 있다. 사도 요한은 네 번째 환상으로 용 즉 사탄의 정체와 천 년 동안 결박되어 있다는 사실을 말씀하고, 그러한 사탄이 천 년이 차매, 치열한 전쟁을 통해 결국 패망하여 불과 유황 못에 던져지는 심판을 당했다는 사실을 말씀하고 있다(계 20:1-3, 20:7-10). 그리고 사도 요한은 다섯 번째 환상으로 지상에서 천상으로 관점을 바꾸어 천상에서 목 베임을 당한 자들이 보좌에 앉아서 그리스도와 더불어 천 년 동안 왕 노릇하는 것을 말씀하고 있다. 그리고 나서 사도 요한은 여섯 번째 환상을 말씀하고 있다. 소위 말하는 최후의 심판, 백 보좌 심판에 대해서 말씀하고 있다. 이렇게 20장 전체를 구조적으로 보면 다음과 같다.

- A 계 20:1-3 최후의 심판을 벌일 용 즉 사탄의 소개 / 천 년 동안 사탄의 결박
- B 계 20:4-6 그리스도와 심판하는 권세를 받은 자들의 천 년 동안 왕 노릇
- A' 계 20:7-10 최후의 전쟁과 사탄의 영원한 형벌 / 천 년이 차매 사탄의 심판

-   B' 계 20:11-15 죽은 자들에 대한 흰 보좌 심판 / 최후의 심판,
    백 보좌 심판

9) 그러므로 요한계시록 20:11-15은 20:4-6의 말씀과 아주 밀접하
   게 연결되어 있다. 또한 바로 앞 부분인 요한계시록 20:7-10의 말
   씀과도 긴밀하게 연결되어 있다. 그리고 더 앞으로 가면, 요한계시
   록 19:19-21의 말씀과도 긴밀하게 연결되어 있다. 그것은 요한계
   시록이 이중적 결론부를 가지고 있기 때문이다(17-22장). 결론부
   를 '성령 안에서"(ἐν πνεύματι)라는 말씀으로 구분할 수 있기 때문
   이다(계 17:3, 21:10).

1. 크고 흰 보좌에 앉으신 이이다.

1) 요한계시록 20:11에서 '또 내가…보니'(καὶ εἶδον)라고 시작하면서
   사도 요한은 여섯 번째 환상을 보고 있다. 바로 '크고 흰 보좌와 그
   위에 앉으신 이'를 본다. 사도 요한은 다섯 번째 환상 중에 요한계
   시록 20:4에서는 '보좌들'을 보고, '거기에 앉은 자들'을 보게 된
   다. 이것은 하늘에 있는 보좌들로 거기에 앉은 자들 역시도 단수가
   아니라, 복수이다. 바로 목 베임을 당한 자들의 영혼들이었다. 한
   마디로 말해서 순교자들이었다(계 6:9). 그런데 이제 여섯 번째 환
   상은 '크고 흰 보좌'가 단수이다. 또 '그 위에 앉으신 이'도 복수가
   아니라, 단수이다. 이러한 이미지는 구약의 다니엘 7:9-10과 에스

겔 1:26-28을 배경으로 말씀하고 있다. 따라서 '보좌에 앉으신 이'는 명백히 창조주 하나님이다.

2) 그러나 또한 신약에서는 '보좌에 앉으신' 하나님 혹은 예수님이 '심판의 주'를 상징하는 이미지로 복음서에 풍부하게 언급되고 있다(마 6:4, 7:22-23, 10:32-33, 18:35, 25:31-46, 막 8:38, 요 5:22, 30, 롬 14:10, 고후 5:10). 왜냐하면 하나님께서 그의 아들 예수 그리스도에게 최후의 심판을 위임하셨기 때문이다. 요한복음 5:22과 고린도후서 5:10과 디모데후서 4:1 등을 통해 알 수 있듯이 예수 그리스도의 심판과 하나님의 심판을 구별하는 것은 무의미하다. 왜냐하면 예수 그리스도와 하나님은 본질상 하나이기 때문이다(요 10:30).

3) 또한 요한계시록 4:2에서 하나님의 역사를 주관하시는 심판의 주로 말씀하고 있고, 요한계시록 5:1과 5:6에서 어린 양의 역사를 주관하시는 심판의 주로 말씀하고 있기 때문이다. 그것도 크고 흰 보좌에 앉으신 이가 심판하신다. 여기 '크다'는 것은 하나님의 위대함을 상징하고, '희다'는 것은 하나님의 거룩한 의를 상징하고 있다. 따라서 '크고 흰'이라는 말씀은 심판주인 하나님의 위엄과 거룩함을 강조하고 있다.

4) 이어서 요한계시록 20:12에서 사도 요한은 '또 내가 보니'라고 한다. 요한계시록 19:11부터는 일곱 번째이다. 일곱이란 완전 수이다. 완성을 의미한다. 우리말 개역개정에는 요한계시록 20:4 중간에서 작은 글씨로 '또 내가 보니'라고 되어 있지만, 원문에는 없다.

그러니 요한계시록 20:12이 일곱 번째이다. 일곱 번째는 모든 것의 완성이며, 마지막 끝을 보는 것이다. 최종, 최후의 심판을 의미한다. 그것도 '죽은 자들'에 대한 최후의 심판이다.

5) 그렇다면 여기 '죽은 자들'은 누구인가? 크게 두 가지 해석이 가능하다. 먼저 '죽은 자'라는 문자 그대로, 통상적으로 말하는 죽은 자들을 가리키는 것으로 보는 것이다. 또 다른 하나는 요한계시록 20:5의 '죽은 자들'을 의미하는 것으로 문자적 의미가 아니라, 영적인 의미로 보는 것이다. 믿지 않고 죽은 자들이다. 왜냐하면 믿는 자들의 죽음의 상태는 '죽은 자들'이라고 말씀하지 않고, '영혼들'이라고 말씀하고 있기 때문이다. 그러므로 믿지 않고 죽은 큰 자나 작은 자 모두를 가리키는 것이다.

6) 그런데 그 죽은 자들이 심판을 받는데, 심판의 기준이 무엇인가? 그 앞에 두 종류의 책이 펼쳐지게 된다. 하나는 '책들'이다. 복수로 행위의 책들이다. 또 하나 '다른 책'은 단수로 생명의 책이다. 이것은 다니엘서 요한계시록 7:10과 12:1-2을 가리키고 있다. 여기 '책들'과 '생명책'은 심판과 구원이라는 두 측면을 말씀하고 있다. 책들은 믿지 않는 자들의 행위들을 기록하고 있어 심판의 근거를 제공하고, 반면 생명책은 믿는 자들 즉 구원받은 자들의 이름을 기록하고 있어 구원의 근거를 제공하고 있다.

7) 요한계시록 20:12은 생명책보다는 행위책들에게 초점을 맞추고 있다. 구원은 행위가 아니라, 믿음으로 이루어지는 것이다. 요한계시록 20:12의 초점은 구원이 아니라, 심판이다. 심판은 행위에 의

해서 이루어지는 것이다. 죽은 자들이 자기 행위들을 따라 책들에 기록된 대로 심판을 받는다는 사실을 강조하고 있다. 물론 이러한 행위 심판은 그의 백성들에게도 예외가 되는 것은 아니다. 구원 받은 자들에 대한 행위 심판은 보상의 성격이 강하고, 멸망 받는 자 즉 죽은 자들에 대한 행위 심판은 심판의 성격이 강하다는 것이다.

2. 영원한 둘째 사망 곧 불 못이다.

1) 이 세상에 존재하는 모든 사람은 예외 없이 흰 보좌 앞에서 심판을 받게 된다. 그러나 최후 심판 및 영원한 불 못 형벌을 기록한 요한계시록 20:11-15은 구원받을 자보다는 주로 멸망 받을 자에 그 초점을 맞추고 있다. 왜냐하면 최후의 심판의 면모를 일일이 다 기록하는 것이 아니라, 핵심 사항들만을 짧게 기록하고 있기 때문이다. 한마디로 생명책에 그 이름이 기록되지 않는 자들이 자기의 행위대로 심판을 받아 영원히 타는 불 못에 던져질 것을 강조하고 있다. 그래서 강조점도 '죽은 자들'이다. 계속해서 두 번이나 강조하면서 '죽은 자들을 내어주고' '죽은 자들을 내주매'라고 한다. 요한계시록 20:12에 말씀했던 것을 요한계시록 20:13에서 다시 한 번 '각 사람이 자기의 행위대로 심판을 받고'라고 강조하고 있다.

2) '죽은 자들'을 내어주는 주체를 세 가지로 말씀하고 있다. '바다, 사망, 음부'이다. 이것은 서로 다른 것이 아니라, 모두 동일한 것을

서로 다르게 표현하고 있다. 소위 말하는 지옥을 지칭하는 말이다. 하나님을 대적하는 악한 자들이 죽어서, 바다, 사망, 음부에 있다가 거기서 불려 나와 흰 보좌 앞에서 심판을 받게 된다는 것이다.

3) 그래서 요한계시록 20:14에서 죽은 자들은 바다, 사망과 음부 즉 지옥에서 최후의 심판의 때를 기다리며 대기하고 있다가 이제 최후의 심판을 위해 거기에서 던져지게 되는 것이다. 그러면서 최종적으로 거하게 되는 곳, 던져지는 곳이 '불 못'이라고 한다. 이것이 둘째 사망 곧 불 못이다. 그것도 '불 못'을 두 번이나 강조하고 있다. 죽은 자들의 최종적인 심판의 장소로 둘째 사망, 불 못을 말씀하고 있다. 사망과 음부가 최종적인 심판의 장소가 아니라, 둘째 사망, 불 못이라고 분명하게 말씀하고 있다(사 25:8, 고전 15:26). 완전히 끝이다. 최종적인 심판의 종결이다.

4) 그러면서 요한계시록 20:15에서 불 못에 던져지는 자는 '누구든지 생명책에 기록되지 못한 자'라고 말씀하고 있다. 요한계시록 13:8과 17:8에서도 생명책에 기록되지 못하는 자들을 말씀하고 있다. 누구든지 그 이름이 생명책에 기록되지 못한 자들은 불 못에 던져진다. 어느 누구하나 예외가 없다는 사실을 강조하고 있다.

5) 여기 '둘째 사망 곧 불 못'은 요한계시록 19:20에서는 두 짐승이 잡혀서 산 채로 던져지는 곳이다. 또한 요한계시록 20:10에서는 미혹하는 마귀도 불과 유황못에 던져진다. 그곳은 세세토록 밤낮으로 괴로움을 받는 곳이다. 일시적인 곳이 아니라, 영원한 곳임을 말씀하고 있다. 영원한 죽음의 형벌을 받은 곳이다. 그러니까 '죽

은 자들'이란 생명책에 기록되지 못한 자들이다. 그리고 '죽은 자들'이란 책들에 기록된 자기 행위를 따라, 자기의 행위대로 심판을 받는 자들이다. 그 '죽은 자들'이 사망과 음부에 있다가 결국 최종적인 운명으로 불 못에 던져지게 되는 것이다. 이러한 불 못을 둘째 사망이라고 한다(계20:6). 이것은 첫째 사망을 전제로 한다.

> **결론** 요한계시록 20장을 어떻게 해석하느냐는 대단히 중요하다. 시간적이냐, 논리적이냐, 진행적이냐, 반복적이냐, 문자적이냐, 상징적이냐, 실제적이냐, 환상적이냐, 현재적이냐, 미래적이냐 등 어떻게 해석하느냐에 따라서 그 의미가 완전히 달라지기 때문이다.

1) 요한계시록 20:11-15의 말씀은 요한계시록 20:4-6의 말씀과 아주 밀접하게 연결되어 있다. 또한 바로 앞 부분인 요한계시록 20:7-10의 말씀과도 긴밀하게 연결되어 있다. 그리고 더 앞으로 가면, 요한계시록 19:19-21의 말씀과도 긴밀하게 연결되어 있다. 한마디로 말해서 최후의 심판인 흰 보좌 심판을 말씀하고 있다.

2) 사도 요한은 여섯 번째 환상과 일곱 번째 환상을 본다. 요한계시록 20:11에서 "또 내가 보니"(Καὶ εἶδον)라고 하고 요한계시록 20:12에서 "또 내가 보니"(καὶ εἶδον)라고 하면서 두 가지 환상을 동시에 보게 된다. 하나는 '크고 흰 보좌와 그 위에 앉으신 이'를 본다. 또 다른 하나는 '죽은 자들이 그 보좌 앞에 서 있는 것'을 본다. 이렇

게 흰 보좌 심판을 행하는 분과 그 흰 보좌 심판 앞에서 심판을 받는 자들을 보고 있다. 하나님과 어린 양되신 예수 그리스도, 백마 탄 자이신 예수 그리스도가 심판을 행하시는 주체이다. 그것도 공의로, 온 우주를 철저하게 심판을 행하신다. 그 심판 앞에 '죽은 자들'은 심판을 받게 된다. 특별히 '죽은 자'를 향한 최후의 심판을 기록하고 있다.

3) '죽은 자들'이란 즉 생명책에 기록되지 못한 자들, 자기의 행위를 따라, 자기의 행위대로 심판을 받는 자들이다. 요한계시록 19:20의 두 짐승의 경우와 같이, 요한계시록 20:10의 용 즉 사탄의 경우와 같고, 요한계시록 20:10의 용 즉 사탄의 경우와도 같다. 이와 같은 사실을 요한계시록 21:8에서 다시 한 번 더 말씀하고 있다. 그것도 신적 수동태로 이러한 상태가 존재하게 되는 것이 하나님의 뜻에 의해서 이루어지고 있다는 사실이다. 뿐만 아니라 하나님에 의해서 철저히 심판을 받아 패배한 자들로 취급당하면서 최후의 운명을 맞이하게 된다는 것이다. 둘째 사망 곧 불 못에 던져지게 된다는 것이다.

4) 그렇다면 누구든지 생명책에 기록된 자들은 둘째 사망 불 못에 가지 않는 것이다. 왜냐하면 요한계시록 20:6에서 첫째 부활에 참여하는 자들은 복이 있고 거룩하도다 둘째 사망이 그들을 다스리는 권세가 없다고 분명하게 말씀하고 있기 때문이다. 그러니 믿는 자들 즉 구원받은 자들이 정말 기뻐해야 할 것이 무엇인가? 그것은 나의 이름이 생명책에 기록되어 있다는 사실이다.

또 나는 새 하늘과 새 땅을 보았습니다. 전에 있던 하늘과 땅은 사라지고 바다도
없어졌습니다.
And I saw a new heaven and a new earth: for the first heaven and the first earth
were passed away; and there was no more sea.
요한계시록 21:1

09

또 내가…보니(7), (8)

09 또 내가…보니(7), (8)

성경 : 요한계시록 21 : 1 - 4

> **서론** 요한계시록은 이중적 결론부를 가지고 있다(17-22장). 결론부의 '성령 안에서"(ἐν πνεύματι)라는 말씀을 통해 구분할 수 있다(계 17:3, 21:10). 환상에서는 '큰 음녀'와 '어린 양의 신부'라는 두 여성으로 유비되고, 또한 두 도시 즉 '바벨론'과 '새 예루살렘'에 의도적으로 대조시키고 있고, 그리고 두 주제 즉 '심판'과 '영광'으로 서로 대조를 이루고 있다(계 17:1-19:10, 21:9-22:9).

1) 이러한 두 본문(계 17:1-19:10과 21:9-22:9) 사이에서 중심부 역할을 하고 있는 부분이 요한계시록 19:11-21:80다.

요한계시록 19:11-21:8은 큰 성 바벨론의 심판과 멸망에서 새 예루살렘의 회복과 영광으로 넘어가는 중심부 역할을 하고 있다. 다리 역할을 하고 있다. 이것을 구조적으로 보면 다음과 같다.

- A 계 17:1-19:10 큰 성 바벨론의 심판과 멸망
-   B 계 19:11-21:8 백마 탄 자, 심판과 멸망, 새 하늘과 새 땅
- A' 계 21:9-22:9 새 예루살렘의 구원과 영광

2) 이렇게 중심부에 위치한 요한계시록 19:11-21:8은 단순한 전환의 역할을 하고 있을 뿐만 아니라, 두 본문(계 17:1-19:10과 21:9-22:9)을 상호 보충하고, 보완하고, 아주 구체적으로 말씀하고 있다.

요한계시록 19:11-21:8은 서로 밀접하게 하나의 교차 대칭 구조를 이루고 있다. 이것은 요한계시록 19:11-21:8의 구조를 통해 알 수 있다.

- A 계 19:11-16 백마 탄 자의 승리와 심판의 모습
-   B 계 19:17-21 두 짐승에 대한 심판과 멸망(겔 39장) - 미래
-     C 계 20:1-3 천 년 동안 사탄의 결박 감금됨 - 과거
-       D 계 20:4-6 천 년 동안 성도들이 왕노릇함(천년왕국) - 현재
-     C' 계 20:7-10 천 년이 차매 사탄에 대한 심판과 멸망(겔 39장)
        - 미래
-   B' 계 20:11-15 크고 흰 보좌에 앉으신 이의 행위 심판 - 미래
- A' 계 21:1-8 새 하늘과 새 땅

3) 21장은 20장과 밀접한 연관성을 가질 뿐만 아니라, 19장과도 밀접하게 연관성을 가지고 있다.

요한계시록 19:11부터 시작해서 19장에서 세 번의 환상, 20장에서 세 번의 환상 혹은 네 번의 환상(계 20:1, 4, 11, 12) 그리고 요한계시록 21:1을 시작하면서 "또 내가…보니…"(Καὶ εἶδον)라고 하면서 일곱 번째(계 20:11과 12을 하나로 생각하면), 혹은 여덟 번째 환상(계

20:11과 12을 나누어 생각하면)을 말씀하고 있다.

4) 그것도 요한계시록 21:1-8은 요한계시록 20:11-15의 최후 심판, 흰 보좌 심판의 결과로 말미암은 구원 즉 새 하늘과 새 땅에 대해서 요한계시록 결론부 중심부(계 19:11-21:8)의 마지막 환상으로 말씀하고 있다.

1. 새 하늘과 새 땅을 본다.

1) 사도 요한은 일곱 번째 환상으로 새 하늘과 새 땅을 본다. 하지만 요한계시록 19:11부터 시작된 '또 내가 보니'라는 기록으로는 여덟 번째이다. 요한계시록 21:1-8은 비록 일곱 번째 환상일지라도, '또 내가 보니'(Καὶ εἶδον)라는 말씀은 여덟 번째라는 사실이다. 왜냐하면 여섯 번째 환상인 요한계시록 20:11, 12에서 두 번 기록하고 있기 때문이다.

2) 그렇다면 왜 일곱 번째 환상인데, '또 내가 보니'라는 말씀을 여덟 번째 기록하고 있는가? 그것은 8이란 숫자는 7 다음의 숫자이다. 7이란 완성이면서, 죽음을 상징한다. 그렇다면 8이란 죽음 다음에 새로운 숫자이다. 그래서 8이란 부활 혹은 거듭남, 새 생명과 관련이 있다. 그래서 유대인 남자들은 8일째 되는 날에 할례를 받는다. 그리고 레위기 제사장의 위임식을 칠일 동안 행하는데, 바로 칠 주야

죽음을 면하고 난 후에 여덟째 날에 제사를 드리게 되는 것이다(레 8:35, 9:1). 따라서 예수님도 안식 후 첫 날, 여덟째 날에 부활하셨다.

3) 그러니 사도 요한은 '또 내가 보니'(Καὶ εἶδον)라는 말씀을 일곱째 환상인데, 여덟 번째 사용하는 것을 통해서 죽음 이후, 심판 이후의 새로움을 강조하고 있는 것이다. 새로운 구원의 역사를 말씀하고 있다. 바로 새로운 환상, 새로운 생명, 새로운 창조로서, 새 하늘과 새 땅을 말씀하고자 하는 것이다. 신천 신지의 도래 즉 새 예루살렘을 말씀하고 있다.

4) 그러면서 새 하늘과 새 땅을 보는데, 그 이유(γὰρ)를 말씀하고 있다. 그것은 처음 하늘과 땅이 지나가 버렸고, 그리고 더 이상 바다가 존재하지 않기 때문이라고 한다. 여기에서 처음 하늘과 땅이 없어졌다는 말씀은 요한계시록 20:11의 '땅과 하늘이 그 앞에서 피하여 간데 없더라'는 말씀과 연결되어 있다. 그런데 요한계시록 20:11에서는 바다에 대해서 말씀하지 않고 있다. 그러나 바로 뒤 요한계시록 20:13에서 바다가 죽은 자들을 내어 줌을 말씀하고 있다. 그리고 요한계시록 21:1에서는 '바다도 다시 있지 않더라'라는 말씀을 덧붙이고 있다.

5) '바다'에 대해서는 다니엘서의 바다에서 나오는 무시무시한 짐승(단 7:3-8)과 같이 요한계시록 13장의 '바다'는 혼돈과 악을 상징하고 있다(계 13:1). 또한 음녀가 앉은 많은 물(계 17:1)처럼 바다는 짐승의 거처요 음녀의 보좌가 있는 곳이다. 하나님과 성도들에게 위협적이고 적대적인 존재를 상징한다(계 4:6, 12:3). 이와 같은 바다

즉 악이 더이상 존재하지 않는다고 한다. 바다로 대표되는 옛 질서가 완전히 제거되고, 옛 세상의 저주와 온갖 슬픔을 기억하거나 마음에 생각하지 않는다는 것이다(사 65:17). 이러한 옛 세상과는 완전히 질적으로 다른 새 하늘과 새 땅이다. 새로운 세상이다. 따라서 사도 요한이 본 새 하늘과 새 땅은 구약성경 여러 곳에서 하나님께서 장차 행하시겠다고 예언하신 새 창조를 가리키는 것이다(시 102:25-26, 사 65:17, 66:22, 렘 31:22). 새 창조는 옛 창조와 관련이 있지만 질적으로 완전히 다른 것이다.

6) 이러한 새 하늘과 새 땅의 창조는 이사야 요한계시록 65:17, 66:22에서도 말씀하고 있다. 최종적인 종말의 행위로서 새 하늘과 새 땅의 창조에 대해서 말씀하고 있다. 새 하늘과 새 땅은 옛 창조를 파괴하고 나타나는 이질적인 실체가 아니라, 옛 창조를 새롭게 하고 변화시키는 새 세상이다.

7) 그리고 사도 요한은 요한계시록 21:2에서 '또 내가 보매'라고 하면서 거룩한 성, 새 예루살렘이 하늘에서 내려오는 환상을 보게 된다. 그런데 우리말 개역개정에는 '또 내가 보매'라고 되어 있지만, 원문은 '카이'(και)와 '에이돈'(εἶδον) 즉 '보았다'를 따로 떼어 놓고 있다.

8) 이러한 사실은 이사야 65:17에서 새 하늘과 새 땅을 창조에 대해서 말씀하고 이어서 65:18에서 예루살렘에 대해서 기록을 하고 있는 것과 같다. 요한계시록 21:1-2은 이사야 65:17-18과 동일하게 새 하늘과 새 땅을 말씀하고, 이어서 새 예루살렘을 말씀하고

있다. 그러면서 이사야서에서 새 예루살렘은 새 창조와 긴밀하게 연결되어 있다. 따라서 새 예루살렘은 새 창조의 상징으로 나타나고 있다. 이러한 거룩한 성, 새 예루살렘에 대해서는 요한계시록 21:9-22:5에 구체적으로 기록하고 있다.

9) '새 예루살렘'이라는 표현은 구약성경에는 기록되어 있지 않다. 이것은 지상의 예루살렘이 새로운 세상을 대표하기에는 부족하다고 여겨졌기 때문일 것이다. 이와 같은 관점에서 요한계시록은 지상의 예루살렘을 '큰 성'(계 11:8)으로 부르면서 '큰 성' 바벨론과 연관성을 시사하고 있다. 요한계시록에서 예루살렘을 '거룩한 성'과 '새 예루살렘'으로 부르는 것은 획기적인 것이다. 더 이상 지상의 예루살렘이 아니다. 그것은 천상의 예루살렘이며 종말론적인 실체이다. 여기에서 덧붙여 새 예루살렘은 '하늘에서 내려온다'라고 해서 도시/성이 '하나님께로부터' 내려오는 것으로 기록하고 있다. 그러므로 새 예루살렘은 하늘에 그 기원을 두고 하늘에서 지상으로 내려오는 것이다. 땅에 존재하게 되는 것이다.

2. 보좌에서 큰 음성을 듣는다.

1) 요한계시록 21:3에서 사도 요한은 '내가 들으니'(καὶ ἤκουσα)라고 한다. 요한계시록 19:1에서 '이 일 후에 내가 들으니…'(Μετὰ ταῦτα ἤκουσα)라고 하면서 하늘에 허다한 무리의 큰 음성 같은 찬양의 소리를 들었다. 이어서 요한계시록 19:6에서 '또 내가 들으

니…'(Καὶ ἤκουσα) 허다한 무리의 음성과도 같고 많은 물소리와도 같고 큰 우렛소리와도 같은 찬양의 소리를 들었다.

2) 그런데 요한계시록 21:3에서는 보좌에서 큰 음성이 나서 듣고 있다. 하늘 보좌에서 정체를 알 수 없는 큰 음성이 들려오고 있다. 이 음성은 요한계시록 21:3에서 하나님을 3인칭 단수로 칭하고 있기 때문에 하나님의 음성으로는 볼 수 없는 것 같다. 그렇다면 예수 그리스도의 음성이나 아니면 천사의 음성으로 볼 수 있다. 그러나 이것 역시 하나님이냐, 예수님이냐, 천사냐를 구분하는 것은 별 의미가 없는 것 같다. 삼위일체 관점으로 보나, 천사가 들려주는 음성으로 보나 모두 다 하나님의 계시적 차원이므로 하나님의 음성으로 이해할 수 있기 때문이다.

3) 그런데 요한계시록 21:3의 내용은 에스겔 37:27과 놀라울 정도로 유사하다. 요한계시록은 에스겔서에 나오는 1인칭 단수 대명사('나')를 3인칭 단수 명사('하나님')으로 바꾼 정도이다. 에스겔서의 '처소'(히브리어 미쉬칸)나 요한계시록의 '장막'(헬라어 스케네)은 둘 다 동일한 어근에서 파생한 단어이다. 이를 통해 하나님과 그의 백성 간에 존재하는 친밀한 언약의 관계를 잘 표현하고 있다.

4) 그렇지만 에스겔서와 요한계시록 사이에 아주 중요한 차이점이 있다. 그것은 에스겔서의 '백성'(히브리어, 암)이 이스라엘이라는 특정 집단을 의미하는데 반해, 요한계시록의 '백성들'(헬라어, 라오이)은 민족적인 개념을 건너뛴 보편적인 용어로 사용하고 있다는 것이다. 새 예루살렘에는 이제 이스라엘 사람만이 아니라, 많은 민족

가운데서 하나님의 백성이 된 모든 사람들이 들어온다는 것을 말씀하고 있다. 그러면서 하나님의 장막이라고 한다. 하나님께서 세우신 장막이요, 하나님의 영광을 위한 장막이다. 이러한 장막은 성막에서 성전에 이르기까지 하나님의 처소를 일컫는 말씀이다. 따라서 장막은 하늘에 계신 하나님께서 자기 백성 중에 거하심을 알려주는 가시적인 장소이다(레 26:11, 시 132:13. 렘 7:23, 겔 36:28, 27, 슥 8:3-8).

5) 이렇게 새 예루살렘을 하나님의 장막이라고 하면서, 사람들과 함께 있다는 것이다. 지금까지는 새 예루살렘은 하나님의 처소였다. 또한 승리한 교회의 처소였다. 그러한 새 예루살렘이 하늘에서 지상으로 내려오니, 이제는 지상에 거하는 성도들 즉 교회의 처소가 되고 있다. 하나님의 장막이 사람들과 함께 있다. 하나님의 임재가 성취되고 있다. 그러면서 그들은 하나님의 백성이 되고, 하나님은 친히 그들과 함께 계신다는 것이다(레 26:11-12, 겔 37:27, 렘 31:33, 슥 8:8, 창 17:7, 출 19:5-6, 고후 6:16, 벧전 2:9-10).

6) 이렇게 사도 요한이 들은 음성은 하나님의 임재와 그 백성과 맺으신 언약 관계의 궁극적인 성취를 선언하고 있다. 이것은 구약의 약속이 새 하늘과 새 땅이 이루어지는 시점에 실현된다는 선언이기도 하다.

7) 21:4에서는 새 예루살렘에 다섯 가지가 없을 것을 말씀하고 있다. 첫째, 눈물이 없다. 둘째, 사망이 없다. 셋째, 애통이 없다. 넷째, 곡이 없다. 다섯째, 아픔이 없다. 그것은 하나님께서 그 눈물을 씻기

시기 때문이다. 하나님께서 그 백성의 눈에서 눈물을 닦아 주실 것이기 때문이다. 그것도 미래성으로 되어 있다. 이렇게 하나님께서 하나님의 백성들과 함께 계심으로써 하나님의 백성들이 누리게 되는 놀라운 복을 말씀하고 있다. 지금까지 아담으로 말미암아 받았던 모든 저주의 역전이 이루어지는 것으로 하나님께서 모든 눈물을 씻어주시는 것이다(사 25:8, 35:10, 51:11, 고전 15:24).

결론 요한계시록 21-22장에서는 사도 요한이 모든 계시의 절정을 바라보고 있다. 아니 성경에 계시된 전 구원 역사의 절정을 말씀하고 있다. 옛 창조의 타락이 드디어 심판과 함께 새 창조의 역사를 가져오고 있다. 그래서 요한계시록 21-22장은 완전하고 영원한 상태에 있는 교회에 초점을 맞추고 있다. 한마디로 완전한 교회의 승리한 모습을 말씀하고 있다.

---

1) 이러한 요한계시록 21-22장과 달리 요한계시록 2-3장은 현 시대에 존재하는 교회의 연약함에 초점을 맞추고 있다. 지상에서 치열하게 싸우는 교회의 전투하는 모습을 말씀하고 있다. 불완전한 교회로서 이기는 자에게 주어지는 축복의 약속을 말씀하고 있다. 이러한 약속을 이제 요한계시록 21-22장에서 드디어 성취하고 완성되고 있다. 2-3장의 약속이 요한계시록 21-22장에서 실현되고 있다. 약속과 그것이 완성되는 새 하늘과 새 땅과 하나님 나라에서 받을 복이 동일하게 기록되어 있다. 이것을 도표로 나타내면 다음

과 같다.

내용	약속	성취
하나님의 낙원에 있는 생명나무	2:7	22:2, 14, 19
둘째 사망의 해를 받지 않음	2:11	20:6, 21:4
감추었던 만나와 흰 돌	2:17	21:11, 22:5, 16
새 이름을 받음	2:17	19:12, 22:4
만국을 다스림	2:26, 27	22:5
생명책에 이름이 기록됨	3:5	21:4
흰 옷을 입음	3:5	21:17, 22:14
하나님의 성전의 기둥 / 새 예루살렘에 이름이 기록됨	3:12	21:2, 10, 22:4
보좌에 앉음	3:21	22:3

2) 이렇게 요한계시록은 박해를 받는 '땅에 있는 교회'와 승리한 '하늘에 있는 교회', 두 교회의 모습이 그려져 있다. 승리한 교회는 하늘에서 내려온 새 예루살렘으로 묘사되며, 동시에 그리스도의 신부로서 보석으로 장식된 화려한 모습을 갖췄다. 승리한 교회는 하나님이 거하시는 새 하늘과 새 땅에 있게 되는 것이다. 그들은 임마누엘 되신 하나님(계 21:3)의 임재를 경험할 것이다. 따라서 요한계시록에서 이런 교회의 현재적 실제(환란 가운데 있는 교회)와 미래의 영광스럽게 될 교회(승리한 교회)가 대조되어 있다. 요한계시록에서는 땅과 하늘, 현재와 미래의 관점에서 교회를 묘사하고 있다.

본문	영역 / 관점	주제
2:1-3:22	땅(지상)	현재 - 환란 중에 있는 교회(역사적 상황) 그리스도의 초림부터 재림 사이의 교회
21:1-22:5	하늘(천상)	미래 - 승리한 교회(종말론적 상황) 절정에 이른 교회-새 예루살렘 교회

3) 이러한 승리한 교회에 대한 말씀을 시작하는 요한계시록 21장은
   요한계시록 19장과 20장과 밀접한 관계를 이루고 있다. 그것은 마
   치 요한계시록 19:1-10이 17-18장의 바벨론의 심판과 멸망으로
   말미암아 주어진 하나님의 승리에 대한 찬양의 말씀을 하는 것과
   같이 비슷한 구조를 가지고 있다. 이렇게 요한계시록 19:1-10과
   비슷하게 요한계시록 21:1-8이 19-20장의 두 짐승과 용 즉 사탄
   의 심판과 멸망과 최후 심판 즉 흰 보좌 심판으로 말미암아 주어진
   새 하늘과 새 땅 즉 새 예루살렘에 대해서 말씀하고 있다.

4) 요한계시록 21:1-8은 첫 창조에 속한 옛 하늘과 옛 땅이 없어지고
   새 창조가 이 땅에 실현되는 일곱 번째 환상을 말씀하고 있다. 요
   한계시록 19:11에서부터 시작된 환상에 대한 말씀이 이제 요한계
   시록 21:1에서 일곱 번째 환상을 말씀하고 있다. '또 내가 보니'라
   는 말씀의 기록으로는 여덟 번째 기록이다. 그런데 이러한 일곱 번
   째 환상(계 21:1-8)은 요한계시록 21:9-22:19에서 다루는 주제를
   요약적으로 말씀하고 있다. 요약적으로 먼저 말씀하시고, 이것을
   아주 구체적으로 보충하여 설명하고 있다. 이것을 도표로 나타내
   면 다음과 같다.

주제(환상)	요약	설명
첫째 주제-하나님의 성	21:2	21:10-21
둘째 주제-하나님의 거주	21:3	21:22-27
셋째 주제-하나님의 새 세상	21:4, 5a	22:1-5
넷째 주제-하나님의 신실하고 참된 말씀	21:5b	22:6-10
다섯째 주제-하나님의 일의 완성	21:6a	22:11-15
여섯째 주제-하나님의 마지막 복	21:6b, 7	22:16-17
일곱째 주제-하나님의 마지막 저주	21:8	22:18-19

5) 이렇게 요한계시록 21:1-8은 요한계시록 19:11-20:15의 결론적 성격을 갖고 있다. 백마 탄 자 즉 예수 그리스도의 재림으로 말미암아 이루어지는 두 가지 사건을 말씀하고 있다. 하나는 심판과 멸망이다. 다른 하나는 구원과 영광이다. 즉 다른 말로 하면 하나는 심판의 부활이고, 다른 하나는 생명의 부활이다. 마치 요한복음 5:29에서 "선한 일을 행하는 자는 생명의 부활로, 악한 일을 행한 자는 심판의 부활로 나오리라"고 말씀하신 것과 같다. 그런데 이것은 차례대로 이루어지는 것이 아니다. 시기적으로 순차적으로 일어나는 것이 아니라, 동시적으로 이루어지는 것이다. 단계적으로 이루어지는 것이 아니라, 함께 병행해서 이루어지는 것이다. 어느 하나의 사건으로 끝나는 단회적, 단절적 사건이 아니다. 예수 그리스도의 재림을 결정적 기점으로 하여 이어지는 연속적인 사건이다. 하나의 동시적 사건이다.

6) 그래서 요한계시록 19:11에서부터 계속해서 '또 내가 보니'라는 말씀을 사용하면서(계 19:11, 17, 19, 20:1, 4, 11, 12) 요한계시록 21:1-8에서 '또 내가 보니'라고 일곱 번째 환상을 말씀하고 있다. 기록으로는 여덟 번째 기록을 말씀하고 있다. 또한 요한계시록 19:19-21에서 두 짐승이 전쟁을 일으켰다가 그 결과 산 채로 유황불 붙는 못에 던져지는 것과 요한계시록 20:7-10에서 사탄이 싸움을 붙였다가 그 결과 미혹하는 마귀가 불과 유황 못에 던져지는 것, 그리고 요한계시록 20:12-15에서 죽은 자들을 향한 최후의 심판과 그 결과 둘째 사망 곧 불 못에 던져지는 것은 모두 동일한 전쟁과 동일한 결과를 가져오는 것이다. 모두 다 함께 동시적으로 일어나는 것이다.

7) 그렇다면 요한계시록 21:1-8의 일도 역시 두 짐승과 용 즉 사탄의 심판과 멸망이 이루어지면서 동시적으로 새 하늘과 새 땅이 이루어지는 것이다. 한쪽에서 심판과 멸망이 일어나지만, 또 다른 한쪽에서는 구원과 영광이 주어지는 것이다. 그것은 요한계시록 21:8의 결과도 요한계시록 19:20과 20:10 모두 동일하기 때문이다.

그때 보좌에 앉으신 분이 '이제 내가 모든 것을 새롭게 한다.' 하시고 이어서 '이 말은 진실하고 참되다. 너는 이것을 기록하여라.' 하고 말씀하셨습니다.
And he that sat upon the throne said, Behold, I make all things new. And he said unto me, Write: for these words are true and faithful.

요한계시록 21:5

10

보좌에 앉으신 이

10 보좌에 앉으신 이

성경 : 요한계시록 21 : 5 - 8

> **서론** 요한계시록 결론부의 중심을 이루고 있는 부분이
> 19:11-21:8이다. 이 부분은 바벨론의 심판과 멸망이 백
> 마 탄 자에 의해서 이루어지며, 바벨론의 심판과 멸망에
> 이어 두 짐승과 용 즉 사탄이 심판과 멸망을 당한다는 것
> 이다. 뿐만 아니라, 죽은 자들 역시 흰 보좌 심판, 최후의
> 심판을 당한다는 것이다.

1) 이러한 심판과 멸망의 결과 새 하늘과 새 땅, 거룩한 성 새 예루
살렘이 하나님께로부터 하늘에서 내려온다는 것이다.

하나님이 친히 사람들과 함께 계신다는 것이다. 따라서 요한계시록
19:11-21:8은 서로 밀접하게 하나의 교차 대칭 구조를 이루고 있
다. 이것을 요한계시록 19:11-21:8의 구조를 통해 알 수 있다.

- A 계 19:11-16 백마 탄 자의 승리와 심판의 모습
-   B 계 19:17-21 두 짐승에 대한 심판과 멸망(겔 39장) – 미래
-     C 계 20:1-3 천 년 동안 사탄의 결박 감금됨 - 과거
-       D 계 20:4-6 천 년 동안 성도들이 왕 노릇함(천년왕국) – 현재
-     C' 계 20:7-10 천 년이 차매 사탄에 대한 심판과 멸망(겔 39장)-미래
-   B' 계 20:11-15 크고 흰 보좌에 앉으신 이의 행위 심판 – 미래

- A' 계 21:1-8 새 하늘과 새 땅

2) 이러한 요한계시록 21:1-8은 결론부의 중심의 마지막 부분이다.

따라서 요한계시록 21:1-8은 19장과 20장과 아주 밀접하게 연관성을 가지고 있다. 먼저 19장과 연결해서 생각해 보면, 요한계시록 19:1-10에서 17-18장의 음녀 바벨론에 대한 심판과 멸망에 이어 하늘에서 승리의 찬양이 울려 퍼지는 것을 사도 요한이 듣고 있다. 이와 같이 요한계시록 21:1-8에서 19-20장의 두 짐승과 용 즉 사탄에 대한 심판, 최후의 심판에 이어 새 하늘과 새 땅에 대한 환상을 사도 요한이 보고 있다. 마지막 일곱 번째 환상을 말씀하고 있다.

3) 아울러 요한계시록 19:11-16에서 첫 번째 환상으로 열린 하늘을 통해서 백마 탄 자의 승리의 모습과 심판의 모습을 보고 있다.

백마 탄 자 예수 그리스도에 의해서 철저하게 두 짐승과 용 즉 사탄이 심판을 받아 멸망을 당했다(계 19:19-21, 20:10). 뿐만 아니라, 죽은 자들 즉 생명책에 기록되지 못한 자들은 자기 행위를 따라 책들에 기록된 대로 심판을 받아 둘째 사망, 불 못에 던져졌다(계 20:14-15).

4) 이렇게 누구든지 생명책에 기록되지 못하는 자는 불 못 둘째 사망에 던져진다는 말씀으로 20장을 끝맺고 있다.

또한 요한계시록 21:8에서도 누가 불 못, 둘째 사망에 던져지는 자인지를 말씀해 주고 있다. 그렇다면 반대로 둘째 사망, 불 못에 던져지지 않는 자, 첫째 부활에 참여하여 둘째 사망이 그들을 다스리는 권세가 없는 자(계 20:6)는 어떻게 되는가? 즉 다시 말해서 한마디로 생명책에 기록된 자들은 어떻게 되는가?(계 21:27) 여기에 대해서 요한계시록 21:1-8은 말씀해 주고 있다.

5) 특별히 요한계시록 21:27에서 "무엇이든지 속된 것이나 가증한 일 또는 거짓말하는 자는 결코 그리로 들어가지 못하되 오직 어린 양의 생명책에 기록된 자들만 들어가리라"고 말씀하고 있다.

새 하늘과 새 땅 즉 새 예루살렘에는 어린 양의 생명책에 기록된 자들만 들어간다는 결론으로 21장을 끝맺고 있다. 그러니 20장의 마지막 요한계시록 20:14-15과 21장의 마지막 요한계시록 21:26-27이 서로 대조를 이루고 있는 것이다. 누구든지 생명책에 기록되지 못한 자와 어린 양 생명책에 기록된 자가 서로 대조를 이루고 있다.

6) 요한계시록 21:1-8은 20장과 밀접하게 연관성을 가지고 있다.

특별히 20장의 천년 왕국과 밀접하게 연관성을 가지고 있다. 천년 왕국에서 그리스도와 더불어 왕 노릇과 새 하늘과 새 땅 즉 새 예루살렘과 관계이다. 천년 왕국은 현재 이미 이루어진 나라이기 때문에 이미 목 베임을 당한 영혼들은 그리스도와 더불어 천 년 동안 왕 노릇을 하고 있다. 지상에서 천상으로 올라가 그리스도의 통치가 이루어지고 있는 것이다. 그런데 반해 새 하늘과 새 땅 즉 새 예루살렘은 하나님께로부터 하늘에서 내려오는 것이다. 천상에서 지상으로 내려오는 것이다. 따라서 천년 왕국이나 새 하늘과 새 땅이 모두 지상에 이루어지는 것이다. 이렇게 이 둘의 관계는 불가분의 관계이다.

7) 두 짐승의 심판이나, 용 즉 사탄의 심판이나, 죽은 자들 즉 생명책에 기록되지 못하는 자들의 최후의 운명이 모두 동일하다.

둘째 사망, 불 못이다(계 19:20, 20:10, 14). 그렇다면 생명책에 기록된 자들은 어떻게 되는가?(계 20:15, 21:27) 바로 백마 탄 자 예수 그리도에 의해서 새 하늘과 새 땅을 누리게 되는 것이다. 거룩한 성 새 예루살렘에 거주하게 된다. 거룩한 성 새 예루살렘이 하나님께로부터 하늘에서 내려와서 지상에 이루어지게 되는 것이다. 지상에 새 하늘과 새 땅이 이루어지는 것이다.

8) 요한계시록 20:11-15의 최후의 심판과 요한계시록 21:1-8의 새 하늘과 새 땅은 순차적으로 이루어지는 것이 아니다.

동시에 이루어지는 것이다. 하나가 끝나고 다른 하나가 시작되는 시기적이나, 연대기적으로 이루어지는 것이 아니라, 둘 다 함께 동시적으로 이루어지는 것이다. 한쪽에서 최후의 심판과 멸망이 이루어지고, 다른 한쪽에서 새로운 회복과 영광이 주어지는 것이다. 단지 환상의 순서에 따라 기록하고 있을 뿐이다. 서로 다른 관점에서 기록하고 있는 것이다.

9) 사도 요한은 21:1-4에서 일곱 번째 환상, 마지막 환상으로 새 하늘과 새 땅을 보게 된다.

또한 거룩한 성 새 예루살렘이 하나님께로부터 하늘에서 내려오는 것을 보게 된다. 그리고 보좌에서 큰 음성을 듣게 된다. 하나님의 장막이 사람들과 함께 있다는 것이다. 하나님과 언약의 관계가 성취되고, 완성되어 새 하늘과 새 땅 즉 새 예루살렘에는 눈물이 없고, 사망이 없고, 애통이 없고, 곡이 없고, 아픈 것이 다시 있지 아니할 것이라는 가장 이상적인 생활의 모습을 말씀하는 것을 들었다. 이제 요한계시록 21:5-8은 마지막 일곱 번째 환상 중에 '보좌에 앉으신 이'가 말씀하고 있다. 아주 드물게 보좌에 앉으신 이가 직접 말씀하신 내용이다.

1. 보좌에 앉으신 이가 말씀하신 내용이다.

1) 요한계시록 21:5에서 '보좌에 앉으신 이'라고 말씀하면서 단수로 말씀하고 있다. 그러면서 요한계시록 21:5-8에서는 보좌에 앉으신 이가 말씀하신 내용을 기록하고 있다.

2) 여기 '보좌'는 주로 하나님께서 좌정하셔서 통치하시는 자리를 지칭한다. 왕적 권세와 위엄을 동반하는 통치를 상징한다. 특별히 '앉으신'이라는 말씀을 현재 분사로 말씀하시면서 우주의 왕으로 다스리시는 하나님의 권세와 위엄을 더욱 생생하게 기록하고 있

다. 따라서 보좌에 앉으셔서 말씀하시는 것은 분명히 하나님임을 알 수 있다(계1:8,16:1,17)

3) 보좌에 앉으신 이 즉 하나님께서 직접 말씀하고 있다. 만물을 통치하시는 하나님께서 '보라'(계 21:3, 5)라고 하시면서 '내가 만물을 새롭게 하노라'라고 하신다. 21:4에서 '…처음 것들이 다 지나갔음이러라'라고 하신다. 하나님께서 그 만물을 새롭게 하신다. 그 이전의 모든 질서를 새 것으로 대체하셨음을 선포하신다. 아담의 범죄로 말미암아 상실했던 첫 창조의 목적을 그대로 성취하기 위해서 아니 완성하기 위해서 '내가 만물을 새롭게 하노라'라고 하시는 것이다.

4) 요한계시록 21:1-5은 교차대구법으로 이루어져 있다. 이것을 구조적으로 보면 다음과 같다.

- A 계 21:1a '내가 새 하늘과 새 땅을 보니'
- B 계 21:1b '처음 하늘과 처음 땅이 없어졌고'
-   C 계 21:1c '바다도 다시 있지 않더라'
-    D 계 21:2 '거룩한 성 새 예루살렘이 하나님께로부터 하늘에서 내려오니'
-    D' 계 21:3-4a '하나님의 장막이 사람들과 함께 있으매'
-   C' 계 21:4b '다시는 사망이 없고'
- B' 계 21:4c '처음 것들이 다 지나갔음이러라'
- A' 계 21:5 '내가 만물을 새롭게 하노라'

A와 A'에서 하나님께서 새 것을 창조하신다는 선언을 하고 있다. 이

어서 B와 B'에서 처음 것들이 지나가 버린다는 것과 C와 C'에서 처음 것들의 두 원인 바다와 사망이 없어졌다는 것이다. 그리고 D와 D'에서 그것을 대체하는 거룩한 것이 내려와 백성들과 함께 있다는 것이 대칭적으로 기록되어 있다. 이러한 구조를 통해, 새것이 창조되고, '거룩한 성 새 예루살렘이 하늘에서 내려오니', 곧 하나님의 장막이 사람들과 함께 있다는 하나님의 임재가 부각되고 있다. 중심부인 D와 D'에서는 새 예루살렘에 의해 상징되는 하나님의 백성인 교회에 대해서 말씀하고 있다.

5) 이러한 중심부를 중심으로 ABC와 C'B'A'에서는 새 창조가 어떻게 이루어질 것인가에 대해서 말씀하고 있다. 처음 창조에서 5일 동안 인간의 거처로 우주를 먼저 창조하시고, 6일째 사람을 창조하신 것과 같이, 새 창조에서도 우주를 먼저 새롭게 하고, 새 예루살렘 즉 하나님의 교회 혹은 처소가 등장하고 있다. 이것은 첫 창조의 패턴을 그대로 따르고 있다. 요한계시록은 창세기의 내용을 상당히 의식하면서 기록하고 있다. 이것은 새 창조를 통해 첫 창조에서 의도하신 하나님의 목적이 이루어져야 하기 때문이다.

6) '내가 만물을 새롭게 하노라'라고 하시고, 이어서 '기록하라'라고 하신다. 하나님의 매우 준엄한 명령이다. 그것들을 기록해야 하는 이유는 그것들이 신실하고 진실되기 때문이라는 것이다(계 19:9, 11, 22:6). 하나님의 말씀은 거짓이 없으며 반드시 성취될 것이기 때문에 기록에 남겨 이를 후대에 전해야 하는 것이다. 하나님 말씀의 신실성과 진실성이 계시 기록의 이유임을 분명하게 말씀하고

있다. 다시 말해서 그렇기 때문에 반드시 이루어지도록 되어 있다는 것이다. 언약에 신실하고 진실되신 하나님께서 역사의 완성을 반드시 이루실 것이라는 것이다.

7) 이제 21:6에서 '이루었도다'라고 하신다(창 2:1, 요 19:30). 이제 하나님의 구속이 완성되었다는 것을 선포하고 있다. 그러면서 '나는 알파와 오메가요 처음과 마지막이라'고 하신다(계 1:8, 17, 22:13). 이러한 호칭은 하나님과 예수님의 속성을 매우 집약적으로 말씀해주고 있다. 이는 바로 하나님과 예수님께서 역사의 주관자로 그것을 시작하셨고, 또한 그것을 완성하여 마무리하시는 분이심을 의미하고 있다.

요 1:8	요 1:17	요 21:6	요 22:13
알파와 오메가	처음과 나중	알파와 오메가, 시작과 끝	알파와 오메가, 처음과 나중, 시작과 끝
하나님	예수님	하나님	예수님

2. 보좌에 앉으신 이의 서로 다른 구별이다.

1) 보좌에 앉으신 이가 세 가지를 말씀하시고 있다. 첫째, 내가 만물을 새롭게 한다고 하신다. 둘째, 기록하라고 하신다. 셋째, 이루었다고 하신다. 그리고 계속해서 보좌에 앉으신 이가 누구에게는 주시고, 누구에게는 던지신다고 한다. 그것도 서로 대조를 이루면서

분명한 구별을 말씀하고 있다.

2) 요한계시록 21:6-7에서 '내가… 주리니'라고 한다. 하나님께서 무엇을 주시겠다고 하는가? 한마디로 새 창조를 값없이 선물로 주시겠다는 것이다(계 7:17). 값없이 주는 대상이 누구인가? 바로 '목마른 자'이다. 그 선물은 '생명수 샘물'이다. 이것은 이사야 49:10과 55:1의 조합이다.

3) 뿐만 아니라, 이기는 자가 이것들을 상속으로 받으리라고 하신다. 이것은 요한계시록 21:1-5에서 보좌에 앉으신 이가 말씀하신 새 창조에 관한 모든 내용을 통칭하고 있다. 이러한 새 창조를 이기는 자가 바로 유업으로 얻게 된다. 요한계시록 21:7에서 언약적 관계의 완성을 천명하고 있다.

4) 요한계시록 21:3에서는 '백성들'(λαοι)이라고 복수로 말씀하고, 요한계시록 21:7에서는 '아들'(υἱός)이라고 단수로 말씀하고 있다. 이러한 차이는 요한계시록 21:3에서는 하나님의 임재에 강조점이 있는데 반해, 요한계시록 21:7은 아브라함의 언약적 상속과 연관을 가지면서 '상속'에 강조점을 두고 있기 때문이다. 그러니까 영적 전쟁의 승리 결과로 그들에게 주어지는 영적 소유로 상속을 차지한다는 것이다.

5) 그런데 반해 요한계시록 21:8은 요한계시록 21:7과 철저하게 대조를 이루고 있다. 접속사 '데'(δὲ), 우리말 개역개정 '그러나'로 대조적인 내용을 말씀하고 있다. 요한계시록 21:7은 목마른 자, 이기

는 자, 생명수 샘물을 값없이 받는 자, 상속으로 받는 자… 이들은 하나님의 백성이요, 하나님의 아들로 하나님과 언약적 관계를 맺은 자라고 말씀하고 있다. 한마디로 영적 전쟁에서 승리한 자들을 가리키고 있다. 이기는 자들에게 주어지는 축복을 말씀하고 있다. 그러나 반대로, 요한계시록 21:8은 영적 전쟁에서 패배한 자들에게는 던져질 것이라고 말씀하신다. 요한계시록 21:8은 그들을 8가지로 분류하여 열거하고 있다. 그러니까 요한계시록 21:7의 이기는 자들과 반대로 요한계시록 21:8은 패배한 자들이라고 할 수 있다. 그들은 두려워하는 자들, 믿지 않는 자들, 흉악한 자들, 살인자들, 술객들, 우상 숭배자들, 거짓말하는 자들이라고 말씀하고 있다.

6) 이러한 자들이 던져질 곳은 어디인가? '…불과 유황으로 타는 못에 던져지리니 이것이 둘째 사망이라'고 하신다. 이러한 자들에게 주어지는 것은 새 창조가 아니라, 바로 불과 유황으로 타는 못이라는 것이다. 이렇게 요한계시록 21:7의 이기는 자들에게는 새 창조가 유업으로 주어지고, 요한계시록 21:8의 패배하는 자들은 불과 유황으로 타는 못에 던져지는 것이 대응을 이루고 있다. 불과 유황으로 타는 못에 던져지는 것을 둘째 사망이라고 한다. 영원한 심판의 상태를 말씀하고 있다. 둘째 사망을 통해 이제 그들은 영원한 심판의 상태에 있게 되는 것이다(계 19:20, 20:10, 13-15, 21:8).

결론 요한계시록 21-22장은 2-3장과 아주 밀접하게 연결되어 있다. 서로 약속과 성취, 경고와 그 분명한 결과를 보여주고 있다. 요한계시록 21-22장은 완전하고 영원한 상태에 있는 교회에 초점을 맞추고 있다. 한마디로 완전한 교회의 승리한 모습을 말씀하고 있다. 이러한 요한계시록 21-22장과 달리 요한계시록 2-3장은 현 시대에 존재하는 교회의 연약함에 초점을 맞추고 있다. 지상에서 치열하게 싸우는 교회의 전투하는 모습을 말씀하고 있다. 불완전한 교회로서 이기는 자에게 주어지는 축복의 약속을 말씀하고 있다. 이러한 약속을 이제 21-22장에서 드디어 성취된 것을 완성하고 있다. 2-3장의 약속이 21-22장에서 실현되고 있다. 완성되는 새 하늘과 새 땅과 하나님 나라에서 받을 복이 동일하게 기록되어 있다.

1) 이렇게 요한계시록은 박해를 받는 '땅에 있는 교회'와 승리한 '하늘에 있는 교회', 두 교회의 모습이 그려져 있다. 승리한 교회는 하늘에서 내려온 새 예루살렘으로 묘사되며, 동시에 그리스도의 신부로서 보석으로 장식된 화려한 모습을 갖췄다. 승리한 교회는 하나님이 거하시는 새 하늘과 새 땅에 있게 되는 것이다. 그들은 임마누엘 되신 하나님(계 21:3)의 임재를 경험할 것이다. 따라서 요한계시록에서 이런 교회의 현재적 실제(환란 가운데 있는 교회)와 미래의 영광스럽게 될 교회(승리한 교회)가 대조되고 있다. 요한계시록에서는 땅과 하늘, 현재와 미래의 관점에서 교회를 묘사하고 있다.

본문	영역 / 관점	주제
계 2:1-3:22	땅(지상)	현재 - 환란 중에 있는 교회(역사적 상황) 그리스도의 초림부터 재림 사이의 교회
계 21:1-22:5	하늘(천상)	미래 - 승리한 교회(종말론적 상황) 절정에 이른 교회-새 예루살렘 교회

2) 그 중에 요한계시록 21:1-8은 요한계시록의 결론부의 중심(계 19:11-21:8)을 차지하고 있다. 요한계시록 19:11-20:15과 아주 밀접한 연관성을 가지고 있다. 마지막 결론적인 말씀을 하고 있다. 특별히 20장의 천년 왕국과 최후 심판은 요한계시록 21:1-8의 새 하늘, 새 땅, 새 예루살렘과 관계가 아주 밀접한데, 연속성과 불연속성을 가지고 있다.

	천년 왕국과 최후 심판	새 하늘과 새 땅과 새 예루살렘
불연속성	악이 존재한다. 한계가 있다. 유한하다. 제한적이다. 이미이다. 실현된 하나님의 나라이다. 과거, 현재적이다.	악이 없다. 즉 바다가 없다. 영구적이다. 영원하다. 무제한이다. 아직이다. 장차 실현될 하나님의 나라이다. 미래적이다.
연속성	종결이다. 심판이다. 멸망이다. 지상에서 천상으로이다.	시작이다. 구원이다. 영광이다. 천상에서 지상으로이다.

3) 이러한 요한계시록 21:1-8은 전체가 하나의 문맥으로 아름다운 조화를 이루고 있다. 사도 요한은 일곱 번째 환상을 보고 있다. 그러면서 여덟 번째 '또 내가 보니'를 기록하고 있다.

4) 먼저 요한계시록 21:1-4에서는 새 하늘과 새 땅의 환상을 보고 있다. 뿐만 아니라 거룩한 성 새 예루살렘이 하나님께로부터 하늘에서 내려오는 것을 보게 된다. 그리고 이어서 보좌에서 큰 음성을 듣는다. 하나님의 장막이 사람들과 함께 있어 하나님이 그들과 함께 계시면서 하나님과 언약적 완성이 이루어진다는 것이다. 뿐만 아니라 새 하늘과 새 땅에서 다섯 가지 즉 눈물, 사망, 애통, 곡, 아픈 것이 다시 있지 아니하는 가장 이상적인 모습을 말씀하고 있다.

5) 그 다음 요한계시록 21:5에서는 이러한 새 하늘과 새 땅, 새 예루살렘, 새 창조가 처음 것들이 다 지나고 나서 갱신을 통해서 이루어진다는 것이다. 하나님 자신이 '만물을 새롭게 함으로' 이루어진다는 것이다. 그리고 요한계시록 21:6에서 이러한 새 창조가 하나님의 구속 역사의 완성이라는 사실을 천명하고 있다. 알파와 오메가, 처음과 마지막이 되신 하나님께서 다 이루었다는 것이다. 처음 천지와 만물을 이루신 하나님께서, 아담의 타락과 범죄로 엉망진창인 세상을 예수 그리스도의 초림을 통해 십자가에 못 박혀 죽으심으로 '다 이루었고', 이제 백마 타고 오신 예수 그리스도의 재림을 통해 '다 이루심'으로 새 창조가 완성이 되었다는 것이다.

6) 그러면서 요한계시록 21:7-8에서 이러한 새 창조를 누가 상속 받을 것이고 누가 상속을 받지 못할 것인가를 아주 선명하게 대조적

으로 말씀하고 있다. 하나님께서 생명수 샘물을 값없이 주시는데, 누구에게 주는가? 누가 그것을 상속으로 받게 되는가? 바로 목마른 자다. 이기는 자이다. 하나님과 언약적 관계를 맺은 자이다. 나는 그의 하나님이 되고, 그는 내 아들이 되는 것이다. 그들은 하나님의 백성이 되고, 하나님은 친히 그들과 함께 계시는 것이다. 더 앞으로 가면 생명책에 기록된 자들이다(계 21:26-27).

7) 그러나 반대로 누가 이러한 상속을 받지 못하고, 불과 유황으로 타는 못에 던져지게 되는가? 둘째 사망을 당하게 되는가? 바로 두 짐승과 용 즉 사탄 그리고 죽은 자들이 던져지는 그곳에 들어가게 되는가? 생명책에 기록되지 못한 자들이다(계 20:15). 한마디로 패한 자들이다. 실패한 자가 아니라, 패배한 자들이다. 믿지 않는 자들이다. 이렇게 요한계시록 21:1-8은 요한계시록 20:11-15과 대조를 이루고 있다. 최후 심판과 최후 승리로 대조를 이루고 있다. 요한계시록 21:7과 21:8을 도표로 보면 다음과 같다.

계 21:7		계 21:8	
목마른 자 이기는 자 충실한 자 신실한 자 언약 백성 영혼이 살아 있는 자 생명책에 기록된 자	승리자	8가지 목록 우상 숭배 타락자 배교자 배반자 죽은 자 생명책에 기록되지 못한 자	패배자

마지막 일곱 재앙이 가득 담긴 일곱 대접을 든 일곱 천사 가운데 하나가 와서 '나
오너라. 내가 네게 어린 양의 아내 될 신부를 보여 주겠다.' 하고 말했습니다.
And there came unto me one of the seven angels which had the
seven vials full of the seven last plagues, and talked with me,
saying, Come hither, I will shew thee the bride, the Lamb's wife.
요한계시록 21:9

11

거룩한 성 예루살렘

11 거룩한 성 예루살렘

성경 : 요한계시록 21 : 9 - 14

> **서론** 요한계시록은 이중적 결론부를 가지고 있다(17-22장). 결론부의 두 단어 즉 '성령 안에서"(ἐν πνεύματι)라는 말씀을 통해 구분할 수 있다(계 17:3, 21:10). 두 여성 즉 '큰 음녀'와 '어린 양의 신부'로 서로 유비되고 있고, 또한 두 도시 즉 '바벨론'과 '새 예루살렘'으로 의도적으로 대조시키고 있고, 그리고 두 주제 즉 '심판'과 '영광'으로 서로 대조를 이루고 있다(계 17:1-19:10, 21:9-22:9). 이러한 두 본문(계 17:1-19:10과 21:9-22:9) 사이에 중심부 역할을 하는 부분이 19:11-21:8이다.

1) 요한계시록 19:11-21:8은 큰 성 바벨론의 심판과 멸망에서 새 예루살렘의 회복과 영광으로 넘어가는 중심부 역할을 하고 있다.

요한계시록 19:11-21:8은 일곱 개의 환상으로 이루어져 있다.

- 첫째 환상은 요한계시록 19:11-16에서 백마 탄 자의 승리와 심판을 말씀하고 있다.
- 둘째 환상은 요한계시록 19:17-18에서 하나님의 큰 잔치가 이루어지고 있다.
- 셋째 환상은 요한계시록 19:19-21에서 17-18장의 바벨론의 심

판과 멸망에 이어 두 짐승이 심판과 멸망을 당하여, 산 채로 유황
불 붙는 못에 던져진다는 것이다. 여기까지가 19장의 세 가지 환
상이다.
- 넷째 환상은 요한계시록 20:1-3에서 용 즉 사탄이 천 년 동안 결
  박당한다는 것이다.
- 다섯째 환상은 요한계시록 20:4-6에서 목 베임을 당한 영혼들이
  살아서 그리스도와 더불어 천 년 동안 왕 노릇한다는 것이다.
- 여섯째 환상은 요한계시록 20:11-15에서 최후의 심판으로 죽은
  자들이 불과 유황 못에 던져진다는 것이다. 둘째 사망을 당한다는
  것이다. 여기까지가 20장의 세 가지 환상이다.
- 마지막 일곱 번째 환상은 요한계시록 21:1-8이다. '또 내가…보
  니'는 여덟 번째 기록이다.

2) 요한계시록 21:1-8에서는 새 하늘과 새 땅을 보게 된다.

거룩한 성 새 예루살렘을 보게 된다. 그것도 하나님께로부터 하늘에
서 내려오는 것을 보게 된다. 하나님이 친히 사람들과 함께 계신다
는 것이다. 뿐만 아니라 하나님이 만물을 새롭게 함으로 새 창조를
완성하신다는 것이다. 그것도 알파와 오메가, 처음과 마지막이신 하
나님이 첫 창조를 시작하고 마지막 새 창조를 완성하신다는 것이다.
시작하신 하나님이 마지막 완성으로 끝을 내신다는 것이다.

3) 이러한 새 하늘과 새 땅, 거룩한 성 예루살렘을 차지하는 자들과

불과 유황으로 타는 못에 던져져 둘째 사망을 당하는 자들이 구분 된다는 것이다.

한마디로 새 하늘과 새 땅이 이루어질 때, 이기는 자와 패배자로 확실하게 분리, 나누어진다는 것이다. 요한계시록 20:11-15의 최후 심판과 요한계시록 21:1-8의 최후 승리가 대조를 이룬다.

4) 그것도 요한계시록 19:11-16은 백마 탄 자에 의해서 승리와 심판이 이루어지는데, 요한계시록 19:17-20:15까지는 역순서로 심판을 먼저 말씀한다.

최종적인 운명을 말씀하고 있다. 그리고 요한계시록 21:1-8에서 심판 다음으로 승리를 말씀하고 있다. 구원과 영광의 최종적인 완성을 말씀하고 있다. 새 하늘과 새 땅, 새 창조가 완성되고 있다. 거룩한 성 새 예루살렘이 하늘에서 지상으로 내려온다. 이것은 하나의 동일한 사건을 다양하게 기록하고 있는 것이다. 따라서 20장과 요한계시록 21:1-8은 동시적이다. 연속적이다. 병행적이고, 순환적이다.

5) 이제 이러한 새 하늘과 새 땅, 거룩한 성 새 예루살렘, 새 창조에 대해서 요한계시록 21:9-22:9까지 아주 구체적으로 말씀하고 있다.

확대해서 새 예루살렘에 대해서 기록하고 있다. 새 예루살렘을 그리스도의 신부 혹은 아내라고 한다. 이 거룩한 성 새 예루살렘의 특징이 아름다움과 거룩성이라는 것을 말씀하고 있다. 이것은 바벨론을 음녀로 상징하면서 부정, 더러움을 특징으로 말씀하는 것과 대조를 이루고 있다(계 17:1).

1. 하나님의 영광이 있다.

1) 사도 요한에게 일곱 천사 중의 하나가 나아왔다. 이 천사는 일곱 대접을 가지고 마지막 일곱 재앙을 담은 일곱 천사 중의 하나라고 말씀하고 있다(계 15:1,16:1). 이들 일곱 천사는 요한계시록 16:10에서 다섯 번째 심판을 주도하고, 요한계시록 16:12에서는 여섯 번째 심판을, 그리고 요한계시록 16:17 이하에서는 일곱 번째 심판으로 용과 두 짐승과 바벨론의 심판과 멸망을 주도하고, 악의 세력을 제거하는 최후의 심판을 주도하였다(계 16:10-21).

2) 이러한 역할을 감당하던 천사가 이제 요한계시록 21:9에 와서는 사도 요한에게 환상을 보여 주겠다고 한다. '이리로 오라'고 하면서 '내가 신부 곧 어린 양의 아내를 보여주겠다'고 한다. 여기 '신부 곧 어린 양의 아내'는 구약의 이스라엘과 신약의 새 이스라엘 즉 구약의 교회와 신약의 교회로 표현된 하나님의 백성을 의미한다(막 2:19, 고후 11:2, 엡 5:24,25). 모든 시대에 하나님의 백성을 뜻하는 '여자'(계12:1-6,14-17)가 '아내'로 표현되고 있다(계 19:7-9).

3) 이어서 그 천사가 사도 요한을 '성령 안에서' 데리고(계 1:10, 4:2, 17:3, 21:9), '크고 높은 산'으로 인도하여 그곳에서 거룩한 성 새

예루살렘을 보여주고 있다. 사도 요한이 본 것은 신부 옷을 입은 여자가 아니라, 하늘에서 내려오는 거룩한 성이고 도시였다. 신부 곧 어린 양의 아내를 거룩한 성 새 예루살렘이라고 말씀하고 있다. 아내 즉 신부를 갑자기 거룩한 성 새 예루살렘이라는 도시 이미지로 바꾸고 있다(계 21:2).

4) 요한계시록 21:2과 21:9은 서로 동일한 표현을 사용하면서 서로 연결을 짓고 있다. 단지 차이가 있다면, 요한계시록 21:2에서는 새 예루살렘이라고 했는데, 요한계시록 21:9에서는 그냥 예루살렘이라고 했다. 또 요한계시록 21:2에서는 '성령으로 나를 데리고 크고 높은 산으로 올라갔다'는 말씀이 없는데, 요한계시록 21:9에서 '성령으로 나를 데리고 크고 높은 산으로 올라갔다'는 사실을 강조하고 있다. 이것은 아마도 요한계시록 21:2은 새 창조와 연결하면서 거룩한 성 새 예루살렘이라고 강조하고 있는 것 같다. 그러나 요한계시록 21:9-10은 옛 예루살렘에 대한 약속의 성취와 완성을 강조하기 때문에 그냥 예루살렘이라고 하는 것 같다.

5) 그래서 요한계시록 21:10은 이사야 2:2-3의 말씀을 배경으로 하고 있고, 또한 에스겔 40:1-2과 43:5을 배경으로 말씀하고 있다. 종말적 새 성전에 대한 약속과 성취와 완성으로 거룩한 성 예루살렘을 말씀하고 있다. 이러한 거룩한 성 예루살렘이 하나님께로부터 하늘에서 내려오고 있다. 이것은 바벨론을 상징하는 음녀가 부정과 더러움을 특징으로 하는 것과 대조를 이루면서 거룩한 성 예루살렘은 단정함과 거룩함을 그 특징으로 하고 있다.

6) 이제 요한계시록 21:11에서는 하나님의 영광을 말씀하고 있다. 신부 자체의 아름다움 때문이 아니라, 하나님의 영광이 그곳에 있기 때문에 아름다운 것이다(계 21:3). 그러한 하나님의 영광스러운 모습을 먼저 '그 성의 빛'이라고 한다. 그리고 이 영광의 빛을 보석으로 비유하고 있다. 지극히 귀한 보석과 같다. 이러한 거룩한 성 예루살렘의 모습은 요한계시록 4:3의 하나님의 모습과 유사하다. 또한 거룩한 성 예루살렘의 귀한 보석과 벽옥과 수정은 대제사장의 흉배의 12보석(출 28:17-20)과 미래에 재건될 예루살렘(사 54:11, 12)과 두로 왕의 잃어버린 영광(겔 28:13)을 회복하는 의미에서 하나님의 영광을 가지고 있는 것이다.

2. 성곽과 열 두 이름이 있다.

1) 이렇게 거룩한 성 새 예루살렘은 하나님의 영광을 가지고 있을 뿐만 아니라, '크고 높은 성곽'을 가지고 있다. '크고 높은 성곽'은 요한계시록 21:13-20에서 더욱 자세하게 기록하고 있다.

2) 그리고 크고 높은 성곽에는 '열두 문'이 있다. 거룩한 성 예루살렘은 크고 높은 성곽과 열두 문을 가지고 있다고 하면서 예루살렘 도시의 건축적 요소로서, 기본적 건축 구조물을 말씀하고 있다. 아마도 이것은 종말에 회복하게 될 거룩한 성 예루살렘 안에서 일어날 일에 대해서 구약적 말씀을 배경으로 하여 그 약속의 성취와 완성을 말씀하려고 하는 것 같다.

3) 먼저 성곽은 크고 높다고 한다. 여기서 문자적 의미로 크고 높다는 의미보다는 거룩한 성 예루살렘의 신성, 견고성, 완전성, 안전성, 웅장성을 드러내는 것이다. 다시 말해서 성곽은 안전을 상징하고 (사 26:1, 2), 완성을 의미한다. 또 성곽의 안전과 보호를 의미하고, 완벽함과 마침을 표현하는 의미로 크고 높다고 말씀하고 있다. 이러한 성벽을 통해 거룩한 성 예루살렘은 하나님의 온전한 백성으로 구성되어 있음을 말씀하고 있다.

4) 그 다음 열두 문이 있다고 한다. 이 열두 문에는 열 두 천사가 있고, 그 문들 위에는 이스라엘 자손 열 두 지파의 이름들이 있다. 이것 역시 에스겔 48:30-35을 배경으로 말씀하고 있다. 요한계시록 21:13에서 동서남북 각 방향마다 세 개의 문이 존재한다. 이렇게 열두 문에 이스라엘 열두 지파의 이름이 있다면, 그것은 거룩한 성 예루살렘이 열두 지파라는 것이다. 구약 시대에 살던 이스라엘 백성 전체를 대표하는 것이다. 그런데 요한계시록 21:12에는 열두 문에 열두 천사가 있다고 했는데, 에스겔 38:31에서는 천사에 대한 언급이 없다.

5) 그리고 요한계시록 21:14에서 거룩한 성 새 예루살렘의 건축적 요소로 성벽과 열두 문에 이어서 열두 기초석을 말씀하고 있다. 그 성곽에는 열두 기초석이 있다고 말씀하고 있다. 여기에 특이한 것은 기초석이 열두 개 존재한다는 것이다. 이것은 열두 문과 함께 열두 기초석은 또 하나의 거룩한 성 예루살렘의 특징을 나타내는 매우 중요한 요소라고 할 수 있다. 기초석은 문자 그대로 건물

을 지을 때 가장 아래에 자리하는 돌로서 건축의 핵심이다. 이러한 기초석이 열두 개로 이루어졌다는 것이다(눅 6:48, 행 16:26, 고전 3:11, 딤후 2:19). 그러면서 열두 기초석 그 위에는 어린 양의 열두 사도의 이름이 있다고 한다.

6) 요한계시록 21:12에서는 열두 문에 '열두 지파의 이름'을 말씀하고(겔 48:30-35), 요한계시록 21:14에서는 열두 기초석에 '어린 양의 열두 사도의 이름'을 말씀하고 있다. 이것은 두 개의 백성이 아니라 하나의 백성을 이루고 있다. 거룩한 성 예루살렘은 모두 하나의 백성을 이루고 있다.

결론 요한계시록은 이중적 결론부를 가지고 있다(계 17-22장). 그것은 결론부의 두 단어 즉 성령 안에서'(ἐν πνεύματι)라는 말씀을 통해 구분할 수 있다(계 17:3, 21:10). 이러한 사실은 요한계시록 17:1-19:10과 21:9-22:9 사이에 존재하는 구조적 병행을 통해서도 알 수 있다. 이 두 부분은 동일한 방식으로 시작하고 끝을 맺고 있다.

---

1) 요한계시록 17:1-3과 21:9-10의 서론과 요한계시록 19:9-10과 22:6-9의 결론이 비슷하게 끝나고 있다. 뿐만 아니라, 환상에서는 '큰 음녀'와 '어린 양의 신부'라는 두 여성으로 유비되고, 환상의 주요 부분에서 두 도시 즉 '큰 성 바벨론'과 '새 예루살렘'을 의도적으로 대조시키고 있다. 그리고 두 주제 즉 '심판'과 '영광'이 서로 대조를 이루고 있다. 이 부분을 도표로 나타내면 다음과 같다.

	큰 성 바벨론의 멸망(계 17:1-19:10)	새 예루살렘의 영광(계 21:9-22:9)
서론	17:1 "또 일곱 대접을 가진 일곱 천사 중 하나가 와서 내게 말하여 이르되 이리로 오라 많은 물 위에 앉은 큰 음녀가 받을 심판을 네게 보이리라"	21:9 "일곱 대접을 가지고 마지막 일곱 재앙을 담은 일곱 천사 중 하나가 나아와서 내게 말하여 이르되 이리 오라 내가 신부 곧 어린 양의 아내를 네게 보이리라하고"
	17:3 "곧 성령으로 나를 데리고 광야로 가니라 내가 보니 여자가 붉은 빛 짐승을 탔는데 그 짐승의 몸에 하나님을 모독하는 이름들이 가득하고 일곱 머리와 열 뿔이 있으며	21:10 "성령으로 나를 데리고 크고 높은 산으로 올라가 하나님께로부터 하늘에서 내려오는 거룩한 성 예루살렘을 보이니"
본론	환상의 주요부 : 큰 성 바벨론	환상의 주요부 : 새 예루살렘
결론	19:9 "천사가 내게 말하기를 기록하라 어린 양의 혼인 잔치에 청함을 받은 자들은 복이 있도다 하고 또 내게 말하되 이것은 하나님의 참되신 말씀이라 하기로"	22:6 "또 그가 내게 말하기를 이 말씀은 신실하고 참된지라 주 곧 선지자들의 영의 하나님이 그의 종들에게 반드시 속히 되어질 일을 보이시려고 그의 천사를 보내셨도다"
	19:10 "내가 그 발 앞에 엎드려 경배하려 하니 그가 나에게 말하기를 나는 너와 및 예수의 증언을 받은 네 형제들과 같이 된 종이니 삼가 그리지 말고 오직 하나님께 경배하라 예수의 증언은 예언의 영이라 하더라"	22:8-9 "이것들을 보고 들은 자는 나 요한이니 내가 듣고 볼 때에 이 일을 내게 보이던 천사의 발 앞에 경배하려고 엎드렸더니 그가 내게 말하기를 나는 너와 네 형제 선지자들과 또 이 두루마리의 말을 지키는 자들과 함께 된 종이니 그리지 말고 하나님께 경배하라 하더라"

2) 위의 도표에서 알 수 있듯이 두 본문은 일곱 대접 천사 중 하나가 요한에게 보여준 환상들을 기록하고 있다. 두 병행 본문은 모두 그 천사가 요한에게 와서 '오라 내게…을 보여 주겠다'고 말씀하는 것으로 시작되고 있다(계 17:1, 21:9). 이어서 그 천사는 제각기 '성령 안에서' 요한을 데리고 각각 다른 장소로 이동하고 있다(계 17:3, 21:10). 그리고 요한은 환상을 보았다는 말씀과 함께 그 환상의 자

세한 내용을 기록하고 있다. 이렇게 시작이 동일한 것과 같이 그 끝을 맺는 방식도 동일하다.

3) 두 가지 환상 뒤에 천사는 공히 요한에게 환상의 내용이 신실하고 참된 하나님의 말씀임을 확인하고 있다(계 19:9, 22:6). 그 환상에 대한 요한의 반응 역시 두 본문에서 동일하게 기록되고 있다. 천사는 그 발 앞에 엎드려 경배하려 하는 요한을 만류하면서, 자신은 요한과 형제들의 동료, 종에 불과하니 오직 하나님께 경배할 것을 강조함으로 두 본문을 마무리하고 있다(계 19:10, 22:8-9). 이렇게 두 본문은 바벨론과 새 예루살렘을 의도적으로 대조시키고 있다. 음녀로서의 바벨론에 대한 묘사가 신부와 어린 양의 아내로서의 새 예루살렘에 대한 묘사보다 훨씬 더 자세하고 집중적으로 이루어지고 있다.

4) 이러한 거룩한 새 예루살렘을 소개하는 역할을 맡은 천사는 일곱 대접을 가진 천사 중 하나였다. 이 천사는 처음(계 21:9)과 마지막(계 22:6)에서만 말하고 있다. 처음 말은 거룩한 성 예루살렘으로 안내하는 상황에서 한 말이고, 마지막 말은 회복된 낙원에서 살 자들의 모습을 예언하면서 그것의 신실성을 강조한 말이다. 지금까지는 심판과 재앙을 맡는 천사였다(계 15:1, 16:1, 16:15-21, 17:1). 그러나 이제는 거룩한 성 새 예루살렘을 소개하는 안내의 역할을 하고 있다. 그것도 새 하늘과 새 땅, 새 창조의 실체를 '거룩한 성 새 예루살렘'이라고 부르고 있다.

5) 구약성경에서는 한 번도 예루살렘을 '새 예루살렘'이라고 부른 적

이 없다. 그것은 지상의 예루살렘이 음녀 바벨론과 함께 '큰 성'(계 11:8)으로 불리고 있는 것에서도 확인할 수 있다. 요한계시록에서도 지금까지 예루살렘은 선하고 거룩한 이미지를 가지고 있지 않았다. 그런데 갑자기 예루살렘을 '거룩한 성'과 '새 예루살렘'으로 부르고 있다(계 21:2). 또한 그것은 '하나님께로부터' '하늘에서 내려오는 것'으로 기록하고 있다(계 21:2, 10). 그것은 21:9-22:9에서 새 예루살렘의 영광 즉 회복의 주제가 지배하고 있기 때문이다. 하늘과 땅이 새로워졌듯이 예루살렘도 새로워진다는 것이다.

6) 따라서 거룩한 성 새 예루살렘은 하나님이 거하실 새로운 장막이다(계 21:3). 거할 장소로서의 특징을 가지고 있다(계 21:7, 24-27). 뿐만 아니라 거룩한 성 새 예루살렘은 신부와 아내로 소개되고 있다. 신부 곧 어린 양의 아내로서의 교회이다(계 21:9). 그러니까 신부 곧 어린 양의 아내는 새 예루살렘을 가리키는 것이다. 더 나아가서 새 예루살렘은 구원받은 하나님의 백성들의 영원한 거처이자 교회이다. 곧 승리한 교회, 영화롭게 된 교회를 의미하는 것이다. 요한계시록 21:3에서는 하나님의 장막이 사람들과 함께 있었다. 이제는 하나님의 영광이 있다.

7) 이것은 마치 과거 성막에 하나님의 영광이 충만했던 것과 같이, 성전에 하나님의 영광이 충만했던 것과 같이, 에스겔서에 기록된 성전에 하나님의 영광이 충만했던 것과 같이 성전의 온전한 회복으로 하나님의 영광이 충만한 것을 말씀하고 있다. 또한 거룩한 성 예루살렘의 열두 문에 열두 지파의 이름, 열두 기초석에 열두 사도

의 이름, 더 나아가서 크고 높은 성곽의 크기를 통해서 그곳에 들어가는 자들이 바로 모든 하나님의 백성이라는 것을 말씀하고 있다. 구약과 신약의 동일한 하나의 백성들이다. 지상과 천상의 하나의 하나님의 백성들이다. 그곳은 오직 어린 양의 생명책에 기록된 자들이 들어가는 곳이다.

내게 말하던 천사는 그 성과 성문과 성벽을 재려고 금 잣대를 가지고 있었습니다.
And he that talked with me had a golden reed to measure the city, and the gates
thereof, and the wall thereof.
요한계시록 21:15

12

내게 말하는 자

12

내게 말하는 자

성경 : 요한계시록 21 : 15 - 21

> **서론** 요한계시록 17:1-3과 21:9-10에서 모두 일곱 대접을 가진 일곱 천사 중 한 천사가 대조되는 두 환상을 사도 요한에게 보여주고 있다. 이것은 매우 중요한 의미가 있다. 그것은 곧 바벨론의 심판과 예루살렘의 구원, 심판과 구원, 멸망과 영광이 별개의 사건이 아니라는 것을 말해주고 있다.

1) 따라서 요한계시록 17-22장은 시간적 순서가 아니라, 기록적 순서이다. 환상의 순서이다.

연대기적으로 기록된 것이 아니라, 연속적으로 기록되어 있다. 단계적으로 이루어지는 것이 아니라, 병행적으로 이루어지는 것이다. 순차적으로 일어나는 것이 아니라, 동시적으로 일어나서 이루어지는 것이다.

2) 왜 그런가? 하나님의 공의와 은혜는 동전의 양면과 같기 때문이다.

하나님의 은혜로 말미암은 구원이 완성되기 위해서는 반드시 먼저 하나님의 공의로 말미암은 심판이 선행되어야 하기 때문이다. 다시 말해서 공의의 심판은 영광스런 구원의 서곡인 것이다. 어린 양의 신부가 나타나기 전에 먼저 음녀에 대한 심판이 있어야 하는 것은 필연적인 일이다. 그래서 바벨론의 심판과 멸망과 예루살렘의 구원과 영광이 철저하게 대조를 이루고 있다.

3) 이것은 요한계시록 20:11-15의 최후의 심판 즉 흰 보좌 심판과 요한계시록 21:1-8의 새 하늘과 새 땅 즉 거룩한 성 새 예루살렘을 통해서도 알 수 있다.

또한 더 앞으로 가면 요한계시록 19:1-10의 어린 양의 혼인 잔치나 요한계시록 19:11-18의 하나님의 큰 잔치가 서로 다른 잔치가 아니라, 동일한 잔치로 서로 다른 관점에서 하나는 승리의 잔치로, 다른 하나는 심판의 잔치로 말씀하는 것이다. 19장은 승리-심판, 20-21장은 심판-승리로 그 순서가 바뀌고 있다는 것을 알 수 있다.

4) 이렇게 요한계시록 21:9 이하에서 거룩한 성 예루살렘에 대해서 아주 구체적으로 자세하게 기록하고 있다.

어린 양의 신부인 거룩한 성 새 예루살렘의 아름다운 정경을 말씀하고 있다. 에덴의 회복으로 완성된 거룩한 성 예루살렘이다. 성막과 성전의 회복으로 완성된 거룩한 성 예루살렘이다. 에스겔의 성전 환상에 대한 예언적 성취와 완성으로 된 거룩한 성 예루살렘이다.

5) 요한계시록 21:9-14에서는 이러한 거룩한 성 예루살렘에 대해서 말씀하고 있다. 크게 두 가지이다.

첫째, 하나님의 영광이 있다고 했다. 하나님의 장막에 하나님의 영광이 있다(계 21:3, 21:10). 둘째, 크고 높은 성곽의 열두 문에 열두 지파의 이름, 열두 기초석에 어린 양의 열두 사도의 이름이 있다.

6) 요한계시록 21:15-21에서 계속해서 거룩한 성 예루살렘에 대해서 말씀하고 있다.

요한계시록 21:15을 시작하면서 '내게 말하는 자'라고 하면서 일곱 천사 중 하나가 사도 요한에게 거룩한 성 예루살렘에 대해서 말해 주고 있다. 일곱 천사 중 하나, 즉 말하는 자가 사도 요한에게 거룩한 성 예루살렘에 대해서 크게 두 가지를 말씀하고 있다. 하나는 거룩한 성 예루살렘의 크기이다(계 21:15-17). 또 다른 하나는 거룩한 성 예루살렘의 건축 재료들이다(계 21:18-21).

1. 거룩한 성 예루살렘의 크기이다.

1) 요한계시록 21:15에서 사도 요한에게 환상을 보여주었던 일곱 대접을 가지고 마지막 일곱 재앙을 담은 일곱 천사 중 한 천사가(계 21:9) '성과 그 문들과 성곽을 측량하려고 금 갈대를 가지고' 있는 모습을 소개하고 있다. 그것은 성곽과 성문을 측량하기 위해서이다(겔 40-41장, 슥 2:1).

2) 그런데 요한계시록 11:2에 보면, '성전 밖 마당은 측량하지 말고

그냥 두라'고 말씀하고 있다. 물론 요한계시록 11:2의 측량 기록은 천사가 요한에게 명령한 것으로 기록하고 있다. 그런데 반해 요한계시록 21:15은 천사가 금으로 된 측량 막대를 들고 있는 것으로 기록하여 서로 차이가 있다. 이러한 차이는 요한계시록 11:2은 측량 기록이 교회에 대한 하나님의 완벽하신 보호라는 맥락에서 기록되었고, 요한계시록 21:15은 하나님의 백성이 거할 영원한 도성의 거대한 규모와 완전한 균형을 기록한 것이기 때문에 조금 차이가 있지만, 서로 동일한 의미를 함축한다고 할 수 있다. 이 성의 소유가 하나님임을 밝히고 있다.

3) 그러면서 요한계시록 21:16에서 사도 요한에게 말하는 천사가 자신이 가지고 있던 금으로 된 측량 막대로 성의 규모를 측량했더니, 그 성은 네모가 반듯하여 길이, 넓이, 높이가 모두 같았다는 것이다(겔 48:20). 모두 일만 이천 스다디온 약 2,400km이다. 정육면 입방체 도시이다. 그런데 의도적으로 12,000 스다디온이라고 한다. 12x1,000이다. 이 숫자를 이해하는 데는 인침 받은 성도 수를 언급한 요한계시록 7:8과 14:1-5에서 그 단서를 제공받을 수 있다. 성도 수 144,000이 완전함을 상징하는 숫자로 12x12,000에서 나온 것처럼, 성의 규모를 12,000이라고 언급한 것은 그 성 안에 들어가는 사람들과 그 성읍이 신적인 완전함으로 이루어졌음을 의미하게 되는 것이다.

4) 뿐만 아니라, 일만 이천 스다디온은 12x1000=12,000으로 하나님의 백성을 상징하는 수 12와 하나님의 통치를 상징하는 수 10의 3

승으로 구성되어 있음을 의미하고 있다. 하나님의 선택의 완성과 큼(많음)을 나타내고 있다. 이러한 12,000 스다디온이라는 말씀 속에는 하나님의 백성에 대한 하나님의 완전한 통치라는 개념이 내포되어 있다. 따라서 거룩한 성 예루살렘은 하나님과 하나님의 백성의 완전한 사귐, 교제의 장소이다. 하나님의 완전한 통치와 온전한 임재가 함께 이루어지는 곳이다. 더 나아가서 정직과 공의와 완전성이 지배하는 곳이다(롬 14:17, 벧후 3:13).

5) 요한계시록 21:17에서 천사는 거룩한 성 예루살렘의 규모에 이어 성벽의 규모도 측량했다. 측량의 결과 성벽은 140규빗이라고 한다. 그런데 천사가 측량한 것이 성벽의 높이인지, 또는 성벽의 두께인지 명확하게 드러나지 않고 있다. 그럼에도 불구하고 21:12에서 '크고 높은 성곽'으로 언급하고 있기 때문에 천사가 측량한 것은 성벽의 높이임이 분명한 것 같다. 이처럼 높은 성벽은 곧 보호와 안전을 의미한다. 완전한 보호를 나타내고 있다.

6) 그런데 144규빗은 약 70m이다. 이것은 일반적인 성벽 높이로는 대단한 것임에 틀림이 없다. 그러나 성의 전체 규모가 2,400km의 입방체였던 것과 비교하면 너무나 초라한 높이이다. 이것이 만약 성벽의 두께를 측량한 것이라 할지라도 그 두께 약 70m이기에 2,400km 입방체 성에 비해 지나치게 두꺼운 것이 된다. 그러므로 요한계시록 21:16과 21:17에서 천사가 측량한 것은 실제 성이나 성벽의 규모를 측량한 것이라기보다는 상징적으로 이해 되어야 할 것 같다.

7) 144 역시 하나님의 모든 백성을 상징하는 숫자이기 때문이다. 144는 12x12이다. 하나님의 백성의 선택과 관련된 완전성을 상징하는 숫자이다. 따라서 12x12는 구약의 열두 지파와 신약의 열두 사도 즉 구약의 모든 하나님의 백성과 신약의 모든 하나님의 백성을 함께 아우르는 모든 하나님의 백성을 상징하는 것이다(계 7:4, 14:1). 그러므로 거룩한 성 예루살렘 성곽을 이렇게 144규빗이라고 함으로써 하나님께서 그 백성 가운데 함께 계심을 보여주고 있다. 가장 완벽한 하나님의 거처라는 사실을 말씀하고 있다.

2. 거룩한 성 예루살렘의 재료들이다.

1) 요한계시록 21:15-17에 거룩한 성 예루살렘의 규모에 대해서 기록하고 나서, 요한계시록 21:18-21에서는 성과 성곽과 성곽 기초석의 재료를 밝히고 있다. 거룩한 성 예루살렘의 여러 보석들을 말씀하고 있다. 이 보석에 다양한 해석을 하고 있다.

2) 먼저 성곽은 벽옥으로 쌓였다고 한다. 벽옥은 짙은 초록색으로 순결함과 정결함을 상징하고 있다. 요한계시록 4:3과 21:11에서 벽옥은 하나님의 영광 곧 하나님의 임재를 묘사하는 데 사용되고 있다. 이렇게 하나님과 성에 이어 성곽마저 벽옥으로 쌓여 있다고 기록함으로써 충만하신 하나님의 임재를 더욱 강조하고 있다.

3) 그리고 성의 재료는 정금이다. 정금이 발하는 빛을 맑은 유리 같다

고 한다. 요한계시록 21:11에서 맑은 유리는 깨끗함, 순결함, 정결함을 상징한다. 거룩한 성 예루살렘은 죄가 없고, 흠과 티가 없음을 나타내고 있다.

4) 이렇게 성과 성곽의 재료에 이어 요한계시록 21:19-20에서는 성곽의 기초석의 재료를 말씀하고 있다. 성곽의 기초석은 이미 요한계시록 21:14에서 말씀했다. 성곽의 기초석은 각색 보석으로 꾸몄다고 기록하고 있다. 거룩한 성 예루살렘으로 상징된 어린 양의 아내는 곧 하나님이 임재하시는 장막이므로 그 성은 하나님의 영광이 가장 찬란하게 빛나는 곳으로 말씀하고 있다. 그래서 그 백성들의 영광과 거룩함을 요한계시록 21:19-20에 열거된 12개 보석들로 나타내고 있다.

5) 이것은 회복된 미래의 예루살렘을 보석으로 장식할 것이라고 예언한 이사야 54:11-12의 말씀을 배경으로 하고 있다. 또한 그 가운데 상당 부분이 이스라엘 대제사장의 가슴 장식에 있는 것들로 되어 있다(출 28:17-20). 그리고 창세기 2:11-12과 에스겔 28:13에 기록되어 있는 에덴동산의 보석들과도 유사하다. 요한계시록 21:19-20과 출애굽기 28:17-20과 에스겔 28:13 그리고 이사야 54:11-12에 나오는 보석들을 비교해 보면 다음과 같다.

계 21:19-20	출 28:17-20	겔 28:13	사 54:11-12
벽옥	홍보석	홍보석	청옥
남보석	황옥	황보석	홍보석
옥수	녹주옥	금강석	석류석
녹보석	석류석	황옥	보석
홍마노	남보석	창옥	
황옥	홍마노	청보석	
녹옥	호박	남보석	
담황옥	백마노	홍옥	
비취옥	자수정	황금	
청옥	녹보석		
자정	호마노		
	벽옥		
새 예루살렘	**대제사장(성전)**	**에덴동산**	**새 예루살렘**

6) 이것은 하나님께서 이제 에덴동산과 성전을 통해 그림자처럼 보여주셨던 구원의 궁극적 실체의 도래를 거룩한 성 예루살렘의 12개의 보석을 통해서 보여주고 있는 것이다. 그러므로 거룩한 성 예루살렘의 12개의 보석들은 잃어버린 낙원 에덴동산의 회복이며, 하나님의 택한 백성 이스라엘의 구심점이었으며, 하나님의 임재의 상징적 장소였던 성전의 궁극적 성취요, 완성인 것이다.

7) 이제 요한계시록 21:21에서는 열두 문에 대해서 말씀하고 있다(계 21:12). 열두 문의 재료는 진주라고 한다. 진주는 가장 고귀한 것이다. 그 가치 역시 대단하다. 이어서 성의 길에 대해서 말씀하고 있다. 성의 길 역시 맑은 유리 같은 정금으로 되어 있다(계 21:8). 하나님의 찬란한 영광을 말씀하고 있다. 이와 같이 거룩한 성 예루살

렘 자체가 하나님의 백성을 상징할 뿐 아니라, 하나님의 임재가 가득한 종말론적 교회의 찬란한 영광을 찬란한 빛으로 형상화하고 있다.

> **결론** 요한계시록 21:1-8의 새 하늘과 새 땅의 도래는 이중적 목적을 가지고 있다. 하나는 요한계시록 19:11-21:8의 결론이라는 점이다. 일곱 환상 가운데 마지막 일곱 번째 환상이다. 최후의 심판(계 20:11-15)과 동시에 새 하늘과 새 땅(계 21:1-8)이 도래하는 것이다. 또 다른 하나는 요한계시록 21:1-22:9의 서론이라는 점이다. 새 하늘과 새 땅의 도래로 말미암아 거룩한 성 새 예루살렘에 대해서 요한계시록 21:9-22:9에서 보충적인 말씀을 하고 있다. 그것도 아주 구체적으로 말씀하고 있다.

1) 새 예루살렘에 대한 서로 다른 두 가지 해석이 존재한다. 한편에는 새 예루살렘이 구속받은 백성들이 영원히 거주하게 될 실제적인 도성 혹은 도시로 보는 입장이 있다. 다른 한편에는 새 예루살렘이 구속 받은 공동체를 상징적으로 말하고 있다는 입장이 있다. 그래서 도성으로서의 새 예루살렘인가? 아니면 구속된 공동체로서 새 예루살렘인가? 논란이 되고 있다.

2) 새 예루살렘은 양면성을 다 가지고 있다. 한편으로 새 예루살렘은 하나님의 백성들이 거주하는 영원한 거처이다. 하나님의 장막은 하나님이 그의 백성과 함께 거하시는 곳이다. 하나님의 백성을 위

한 도성이다. 뿐만 아니라, 다른 한편으로 새 예루살렘은 어린 양의 신부로서 교회이다. 사람이다. 교회가 누리는 축복을 상징하는 것이다. 그러므로 새 예루살렘은 교회(공동체)이면서 동시에 거처이다.

3) 요한계시록 21:9-10에서는 일곱 대접 재앙을 집행한 일곱 천사 중 하나가 성령으로 사도 요한을 높은 산으로 데리고 가서 하나님께로부터 내려오는 어린 양의 신부인 거룩한 성 예루살렘을 보여 준 사실을 기록하고 있다. 그러한 거룩한 성 예루살렘에는 하나님의 영광이 있다. 에덴의 회복으로, 성막과 성전의 회복으로, 에스겔의 성전 예언의 완성으로 하나님의 장막(계 21:3)과 하나님의 영광(계 21:10)을 말씀하고 있다. 그 성에는 지극히 귀한 보석, 맑은 수정과 같은 벽옥이 있었다. 현재의 고난은 장차 나타날 영광과 족히 비교할 수 없다.

4) 요한계시록 21:11-14에서 사도 요한은 거룩한 성 예루살렘의 아름다운 모습과 그 성의 열두 문과 열두 기초석에 대해서 기록하고 있다. 크고 높은 성곽, 열두 문에 열두 지파의 이름, 열두 기초석에 어린 양의 열두 사도의 이름이 있다. 영원히 살게 될 도성으로서 거룩한 성 예루살렘일 뿐만 아니라, 구속된 공동체로서 거룩한 성 예루살렘이다. 이러한 거룩한 성 예루살렘의 현재의 주인공이 미래의 주인공이다.

5) 요한계시록 21:15-21에서는 일곱 천사 중 하나가 사도 요한에게 거룩한 성 예루살렘에 대해 크게 두 가지를 말씀하고 있다. 첫째는

거룩한 성 예루살렘의 크기이다. 측량이다. 규모이다. 거룩한 성 예루살렘은 그 크기가 하나님의 모든 백성들을 온전히 다 수용할 수 있다. 그러면서 그 곳이 바로 하나님의 지성소라는 것을 말씀하고 있다. 하나님이 임재하는 곳이다. 하나님이 하나님의 백성들과 함께하시는 곳이라는 것, 하나님의 임재가 있는 지성소이면서 하나님의 모든 백성들이 영원히 살게 될 거룩한 성 예루살렘이다.

6) 둘째는 거룩한 성 예루살렘의 보석이다. 재료들이다. 비유이다. 상징이다. 거룩한 성 예루살렘의 재료들이 보석들이라는 것이다. 성과 성곽, 열두 기초석, 열두 문이 다 보석으로 이루어졌다는 것이다. 한마디로 하나님의 임재로 말미암아 그곳이 빛나는 보석들이 가득 찬 영원한 도성이라는 것이다. 가장 완전하고, 안전을 보장하는 영구한 도성이라는 것이다. 뿐만 아니라, 거룩한 성 예루살렘을 보석 모티브로 사용하는 것은 구약에서 말씀하는 에덴의 회복과 성전의 완성을 보여주는 것이다.

나는 성 안에서 성전을 보지 못했습니다. 이것은 전능하신 주 하나님과 어린 양
이 그 성의 성전이 되기 때문입니다.

And I saw no temple therein: for the Lord God Almighty and the Lamb are the
temple of it.

요한계시록 21:22

13

성 안에서 / 그 성은

13 성 안에서 / 그 성은

성경 : 요한계시록 21 : 22 - 27

요한계시록 21:1-8은 새 하늘과 새 땅의 도래를 말씀하고 있다. 이것은 이중적 목적을 가지고 있다. 첫째 요한계시록 19:11-21:8의 결론이라는 점이다. 둘째, 요한계시록 21:1-22:9의 서론이라는 점이다.

1) 요한계시록 21:1-8은 뒤에 이어질 일련의 환상(계 21:9-22:19)에서 말씀하시는 주제를 요약적으로 기록하고 있다.

요한계시록 21:1-8을 중심으로 주제를 서로 연결해 보면 다음과 같다.
- 계 21:2 = 21:10-21 – 하나님의 성
- 계 21:3 = 21:22-27 – 하나님의 거주
- 계 21:4, 5a = 22:1-5 – 하나님의 새 세상
- 계 21:5b = 22:6-9 – 하나님의 신실하고 참된 말씀
- 계 21:6a = 22:10-15 – 하나님의 일의 완성
- 계 21:6b, 7 = 22:16, 17 – 하나님의 마지막 복
- 계 21:8 = 22:18, 19 – 하나님의 마지막 저주

2) 21-22장은 완전하고 영원한 상태에 있는 교회에 초점을 맞추고
있다.

이것은 요한계시록 2-3장의 현 시대에 존재하는 교회의 연약함과
철저하게 대조를 이루고 있다. 지상에 존재하는 일곱 교회와 철저
한 대조를 통해서 거룩한 성 예루살렘에 대해서 말씀하고 있다. 즉
다시 말해서 지상의 불완전하고, 문제가 많은 일시적 교회 대신 이
제는 천상의 완전하고, 영원한 승리의 교회가 지상에 세워지는 것
을 말씀하고 있다.

3) 아울러 또 하나 17-18장의 음녀 큰 성 바벨론과 철저한 대조를
통해서 거룩한 성 예루살렘에 대해서 말씀하고 있다.

즉 다시 말해서 음행과 더러운 것들로 가득한 큰 성 바벨론은 당연
히 심판과 멸망을 받고, 그 대신에 거룩한 성 예루살렘이 승리와 영
광을 얻게 되는 것을 말씀하고 있다.

4) 2-3장을 통해서 지상에서 치열하게 싸우는, 전투하는 교회의 모
습을 말씀하고 있다.

그러면서 불완전한 교회로서 이기는 자에게 주어질 축복의 약속을
말씀하고 있다. 그러나 누구하고 싸워야 하는지를 전혀 언급하지
않고 있다. 12-13장에서 그 정체를 드러내기 시작한다. 그러면서
바로 17-18장을 통해서 음녀 큰 성 바벨론과 치열하게 싸워야 한다
는 것이다. 하나님을 대적하는 바벨론의 세력과 싸워야 한다는 것

이다. 그 싸움에서 바벨론은 멸망하고, 교회가 반드시 이긴다는 것이다.

5) 이제 21-22장에서는 이렇게 승리한 교회가 완성되는 새 하늘과 새 땅과 완성된 하나님 나라에서 받을 복을 말씀하고 있다.

승리한 교회의 모습으로 거룩한 성 예루살렘을 말씀하고 있다. 거룩한 성 예루살렘은 어린 양의 신부로서 하나님의 영광이 있다. 뿐만 아니라 열두 이름이 있다(계 21:9-14). 그리고 거룩한 성 예루살렘의 규모에 대해 말씀하고 있다. 거룩한 성 예루살렘은 길이와 너비와 높이가 같은 정육면체이다(계 21:15-21). 하나님의 지성소이다. 이렇게 21:9-21은 거룩한 성 예루살렘의 외형적인 모습을 말씀했다.

6) 이제 요한계시록 21:22-27에서는 거룩한 성 예루살렘의 내부적인 모습을 말씀하고 있다.

성 안은 성 밖과 구별되며, 안과 밖의 이러한 구분은 성 안으로 들어가는 것이 얼마나 중요한지를 강조하고 있다. 일반적으로 성문에 대한 언급은 성문으로 출입하는 것 즉 들어가고 나가는 것을 모두 전제하고 있다. 그런데 요한계시록 21:22-27에서는 성 안에서 밖으로 나가는 것에 대해서는 전혀 말씀이 없다. 오직 성 안으로 들어가는 것만이 중요한 가치를 가지고 있기 때문에 성 안으로 들어가는 것만 말씀하고 있다.

1. 거룩한 성 예루살렘에는 성전이 없다. 성 안의 모습이다.

1) 지금까지 사도 요한은 '또 내가 보매' 혹은 '또 내가 보니'(Kαì εἶδον)라는 말씀을 통해서 내용의 전환을 표시해 왔다. 그런데 요한계시록 21:22에 와서는 아주 특이하게 '또 내가 보지 못하였으니'(Kαì...οὐκεἶδον)라는 말씀으로 시작하고 있다.

2) 사도 요한은 거룩한 성 예루살렘에서 보지 못한 두 가지 특징을 말씀하고 있다. 첫 번째 특징은 사도 요한은 거룩한 성 예루살렘 안에서 성전을 보지 못했다고 한다. 성 안에 성전이 없다고 한다. 거룩한 성 예루살렘 안에는 성전이 더 이상 존재하지 않는다는 것이다. 성 안에서 성전을 더 이상 볼 수 없었다는 것이다.

3) 요한계시록 21:22에서 성전이 없는 그 이유(γάρ)를 주 하나님 곧 전능하신 이와 및 어린 양이 그 성전이시기 때문이라고 한다. 이것은 이미 요한계시록 21:19-20에서 열거된 보석들이 함축하고 있는 모티브에 대해 언급하면서 거룩한 성 예루살렘이 에덴동산 모티브와 함께 성막, 성전 모티브가 구속사적 의미와 더불어 완성된 영원한 성전임을 계속해서 말씀하고 있기 때문이다. 거룩한 성 예루살렘이 정육면체로 된 하나님의 지성소이기 때문이다(계 21:16). 그러므로 창조주 하나님과 구속주 어린 양이 친히 성전이 되시기 때문이다. 창조주의 전능하심을 소유하신 주 하나님과 구속주 어린 양 예수 그리스도가 동일한 본질로서 그 자체가 성전이 되시기

때문이다.

4) 두 번째 특징은 사도 요한은 거룩한 성 예루살렘 안에는 빛이 전혀 없었다고 한다. 그 성은 해와 달의 비침이 쓸데없다고 한다. 그 성에는 성을 밝히기 위한 물리적인 빛이 없다. 빛이 필요치 않다.

5) 처음 창조와 구별이 되기 때문이다. 그 이유(γὰρ)는 하나님의 영광이 비치고, 어린 양이 그 등이 되기 때문이다. 하나님의 영광이 빛을 대신하고, 어린 양이 등불을 대신하기 때문이다(사 60:1, 19). 이것은 이미 요한계시록 21:11에서 "하나님의 영광이 있어 그 성의 빛이 지극히 귀한 보석 같고 벽옥과 수정같이 맑더라"고 하면서 거룩한 성 예루살렘에 하나님의 영광이 있음을 말씀했다. 하나님의 장막(계 21:3)에 하나님의 영광(계 21:11)이 충만했다. 찬란하게 계속해서 빛을 발하기 때문이다. 빛의 근원인 하나님의 영광이 그 성을 밝히며, 또한 어린 양이 그 등, 빛이 되시기 때문이다.

6) 그러면서 요한계시록 21:24에서 그 빛 가운데로(διὰ τοῦ φωτὸς αὐτῆς) 만국이 다니고 땅의 왕들이 자기 영광을 가지고 그리로 들어간다는 것이다. 여기 '그 빛을 통하여' '그 빛으로 말미암아'라고 하는데, 두 가지 의미가 다 있다. 그 빛이란 하나님과 어린 양의 영광의 빛을 통해서, 혹은 거룩한 성 예루살렘의 빛으로 말미암아 만국이 그 빛에 의해서 거룩한 성 예루살렘에 거닐게 된다는 것이다. 뿐만 아니라, 땅의 왕들도 자기 영광을 가지고 그리로(εἰς αὐτήν) 들어간다는 것이다.

7) 만국이 거룩한 성 예루살렘에서 하나님과 어린 양의 빛을 통해 거닐 듯이 땅의 왕들도 동일하게 그곳으로 들어올 것이라는 것이다. 특별히 여기 현재형과 미래형이 함께 공존함으로써 만국과 땅의 왕들이 거룩한 성 예루살렘으로 들어가는 것이 현재 이루어지고 있고, 또한 종말론적 미래에 반드시 성취될 것을 말씀하고 있다.

2. 거룩한 성 예루살렘에는 밤이 없다. 성의 입성이다.

1) 거룩한 성 예루살렘은 낮에는 성문들이 닫혀 있을 수 없다. 이러한 사실을 이사야 60장을 배경으로 말씀하고 있다. 그 중에 60:11에서 "네 성문이 항상 열려 주야로 닫히지 아니하리니…"고 했다. 그런데 요한계시록 21:25에서는 '우'와 '메'(οὐ μὴ)를 이중적으로 사용하면서 하나님께서는 그 거룩한 성 예루살렘의 문들을 결코 닫으시지 않음을 분명하게 강조하고 있다. 하나님께서는 이 성문들을 낮에는 도무지 닫지 않으신다는 것이다. 이러한 사실은 성문이 항상 열려 있다는 의미이다.

2) 그 이유(γάρ)는 거룩한 성 예루살렘에는 밤이 없기 때문이다. 사실 거룩한 성 예루살렘에는 하나님과 어린 양의 영광의 빛이 해와 달의 광채를 대신하기 때문에(계 21:23) 결코 밤이라 부를 만한 현상이 발생하지 않는다. 밤이 존재하지 않는다. 바다가 다시 있지 않는 것과 같다(계 21:1). 이렇게 거룩한 성 예루살렘에는 밤이 없다.

해와 달의 비침도 쓸데없다. 온전한 창조의 회복이 이루어졌기 때문이다.

3) 그럼 이렇게 거룩한 성 예루살렘으로 과연 누가 들어갈 수 있는가? 요한계시록 21:26에서 그 열린 성문으로 그들이 만국의 영광과 존귀를 가지고 들어간다는 것이다. 우리말 개역개정에는 사람들이라고 번역하고 있지만, 그들이다. 바로 그들은 만국이다. 땅의 왕들이다. 만국의 영광과 존귀를 가지고 그리로 들어간다는 것이다. 만국이 소유하고 있는 그 영광과 그 존귀로 주 하나님 곧 전능하신 이와 어린 양 예수 그리스도에게로 들어가게 한다는 것이다 (계 21:22).

4) 그것은 바로 요한계시록 21:25에서 성문들이 닫히지 않고 항상 열려 있기 때문이다. 요한계시록 21:25을 중심으로 요한계시록 21:24에서 누가 그리로 들어가는지와 요한계시록 21:26에서 사람들이 무엇을 가지고 그리로 들어가는지를 말씀하고 있다. '들어감'에 대해서 말씀하고 있다.

5) 이렇게 요한계시록 21:24-26을 구조적으로 볼 때, 항상 열려 있는 성문을 중심으로 A(계 21:24)-B(계 21:25)-A'(계 21:26)의 샌드위치 구조로 되어 있다. 하지만 요한계시록 21:24과 21:26에서 그리로 들어가는데 단지 차이가 있다면, 요한계시록 21:24은 현재형, 요한계시록 21:26은 미래형으로 되어 있다는 사실이다. 현재 시제와 미래 시제를 병행하여 기록함으로써 사람들이 거룩한 성 예루살렘에 지금도 들어가고 있으며, 미래에도 들어가게 된다는 것이다.

6) 하지만 요한계시록 21:27에서는 맨 앞에서 우와 메(οὐ μὴ)를 이중적으로 사용하면서 결코 들어가지 못한다는 것을 강조하고 있다. 거룩한 성 예루살렘으로의 입성 절대 불가 방침을 단호하게 말씀하고 있다. 속된 것이나 가증한 일 또는 거짓말하는 자이다(계 21:6-8, 20:14-15). 거룩한 성 예루살렘에는 '오직 생명책에 기록된 자들만' 들어간다고 한다(계 3:12, 22:4). 그들은 목마른 자요, 이기는 자요, 하나님과 언약을 맺은 자들이다(계 21:6-7).

7) 이렇게 거룩한 성 예루살렘에 들어가는 데는 아주 확실한 기준이 있다. 들어가는 자와 들어가지 못하는 자를 아주 분명하게 구분하고 있다. 물론 이 세상에는 순수한 하나님의 백성과 거짓된 것이 함께 혼합되어 있지만, 이제 거룩한 성 예루살렘에는 순수한 하나님의 백성들만 들어가게 되는 것이다(참조 사 52:1, 사 60:18-22). 따라서 거룩한 성 예루살렘에는 부정한 사람, 더러운 사람, 속된 사람 등이 들어가게 할 수 없고 거룩한 사람만이 들어갈 수 있는 곳임을 강조하고 있다. 오직 어린 양의 생명책에 이름이 기록된 자들이 들어간다.

> **결론** 요한계시록 21:1-8은 19:11-20:15과 매우 밀접하게 연결되어 있다. 그리고 요한계시록 21:1-8은 21:9-22:9과도 매우 밀접하게 연결되어 있다.

1) 요한계시록 21:9-21에서 일곱 천사 중 하나가 사도 요한에게 보

여준 거룩한 성 예루살렘에 대한 환상은 무엇인가? 첫째로, 요한계시록 21:9-14에서 거룩한 성 예루살렘을 어린 양의 신부, 아내의 이미지로 말씀하고 있다. 하나님께로부터 하늘에서 내려온 거룩한 성 예루살렘에는 하나님의 영광이 있다고 한다. 뿐만 아니라, 열두 이름들이 있다고 한다(계 21:9-14).

2) 둘째로, 요한계시록 21:15-21에서 거룩한 성 예루살렘을 하나님의 지성소의 이미지로 말씀하고 있다. 그 성을 측량하니 12,000 스다디온으로 길이와 너비와 높이가 같은 정육방체 형으로 되어 있다고 한다. 정육방체로 된 것은 지성소 하나 뿐이다. 하나님의 임재가 충만한 지성소로서 거룩한 성 예루살렘을 말씀하고 있다. 어쩌면 요한계시록 21:3의 해석으로 말씀하고 있다. 뿐만 아니라 그 성은 각색 보석으로 꾸몄다는 사실을 말씀하고 있다(계 21:15-21). 거룩한 성 예루살렘을 에덴과 성막과 성전의 완성으로 말씀하고 있다. 어쩌면 요한계시록 21:11의 해석으로 말씀하고 있다.

3) 요한계시록 21:22-27에서는 거룩한 성 예루살렘을 어떻게 말씀하고 있는가? 지금까지는 거룩한 성의 외부적인 모습에 대해서 말씀했다(계 21:9-21). 그러나 이제는 거룩한 성의 내부적인 모습에 대해서 말씀하고 있다(계 21:22-27). 거룩한 성의 내부적인 특징을 말씀하고 있다. 분명히 거룩한 성 안은 성 밖과 구별된다. 안과 밖의 이러한 구분은 성 안으로 들어가는 것이 얼마나 중요한지를 강조하고 있다.

4) 일반적으로 성문에 대한 말씀은 성문으로 출입하는 것, 즉 들어가고 나가는 것을 전제로 말씀하고 있다. 에덴동산도 아담과 하와가 범죄했을 때, 그들을 내보내고 나가는 곳이 있었다(창 3:23-24). 성막이나 성전도 마찬가지이다. 제사장이나 대제사장이 섬기는 예법을 진행하고 들어온 문으로 나가야 했다. 그런데 요한계시록 21:22-27에 나오는 거룩한 성 예루살렘은 다르다. 들어오는 문은 있다. 나가는 문에 대해서는 전혀 언급이 없다. 한 번 들어오면 다시 나갈 수 있는 곳이 아니기 때문이다.

5) 그러면서 요한계시록 21:22-27은 거룩한 성 예루살렘을 성전의 이미지를 통해서 말씀하고 있다. 그것도 에덴의 회복과 성전의 완성, 영원한 도성으로 말씀하고 있다. 뿐만 아니라, 옛 창조 혹은 첫 창조의 회복으로 거룩한 성 예루살렘을 말씀하고 있다. 지금까지 사도 요한은 21:1-8에서 새 하늘과 새 땅으로서 거룩한 성 새 예루살렘을 말씀했다. 또한 요한계시록 21:9-14에서 어린 양의 신부로서 거룩한 성 예루살렘을 말씀했다. 그리고 요한계시록 21:15-21에서 성전의 완성 즉 지성소로서 거룩한 성 예루살렘을 말씀했다. 이제 요한계시록 21:22-27에서는 성전의 이미지를 배경으로 삼아서 창조의 회복으로서 거룩한 성 예루살렘을 말씀하고 있다.

6) 이러한 거룩한 성 예루살렘 안에는 두 가지 특징이 있다. 하나는 성전이 없다. 또 다른 하나는 빛이 없다. 하나님과 어린 양이 계시기 때문이다. 하나님과 어린 양 자체가 성전이시기 때문이다. 더

이상 건물로서 옛 예루살렘이 가지고 있던 건축물로서 성전은 필요가 없다. 이제는 하나님과 예수님 자체가 성전이다(요 2:21, 고전 3:16, 6:16). 또한 하나님의 영광이 빛이고 어린 양이 등불이기 때문이다. 해와 달의 비침이 쓸데없다. 하나님 자신이 빛이기 때문에 하나님의 영광이 비치고, 어린 양되신 예수 그리스도께서 세상의 빛이요 등불이기 때문이다.

7) 그래서 만국이 그 빛을 보고 그 빛 가운데서, 자기 영광을 가지고 그리로 들어가는 것이다. 하지만 거룩한 성 예루살렘 안에는 들어가는 기준이 있다. 성전 문으로 들어가는 자와 들어가지 못하는 자를 아주 분명하게 구분하고 있다. 성문들이 항상 열려 있다고 해서 아무나 들어 갈 수 있는 곳은 절대로 아니다. 들어감의 분명한 기준이 있다. 가장 확실한 것은 그 거룩한 성 예루살렘에 입성하는 기준이 만국과 땅의 임금들 그들이 만국의 영광과 존귀를 가지고 그리로 들어간다. 하지만 모든 속된 자들과 가증한 자들과 거짓말하는 자는 결코 그리로 들어가지 못한다. 절대로 들어가지 못한다. 오직 어린 양의 생명책에 기록된 자만 들어가게 되는 것이다.

그 천사는 또 내게 수정같이 맑은 생명수 강을 보여 주었습니다. 그 강은 하나님과
어린 양의 보좌에서 흘러 나와
And he shewed me a pure river of water of life, clear as crystal, proceeding out
of the throne of God and of the Lamb.
요한계시록 22:1

14

맑은 생명수의 강

14 맑은 생명수의 강

성경: 요한계시록 22 : 1 - 5

서론 요한계시록 20장과 21장은 철저하게 대조를 이루고 있다. 20장은 '또 내가 보매'라고 시작하면서 용, 옛 뱀, 마귀, 사탄에 대해서 말씀하고 있다. 그러면서 용, 옛 뱀, 마귀, 사탄이 심판을 받아 멸망을 당하여 불과 유황 못에 던져지는 것을 말씀하고 있다(계 20:10). 거기에는 그 짐승과 거짓 선지자도 있어 세세토록 밤낮 괴로움을 받으리라고 했다(계 20:10, 참고 19:10). 이어서 최후 심판, 흰 보좌 심판에서 죽은 자들이 자기 행위를 따라 책들에 기록된 대로 심판을 받았다. 그들과 함께 사망과 음부도 불 못에 던져지니 이것이 둘째 사망이라고 했다(계 20:14). 그러면서 누구든지 생명책에 기록되지 못한 자는 불 못에 던져지더라(계 20:15)고 하면서 20장을 끝맺고 있다.

1) 21장 역시 20장과 마찬가지로 '또 내가 보니'라고 시작하면서 새 하늘과 새 땅에 대해서 말씀하고 있다.

새 하늘과 새 땅으로 말미암은 구원과 영광과 회복에 대해서 말씀하고 있다. 신천 신지에는 처음 하늘과 처음 땅이 없어졌다. 처음 것들이 다 지나갔다. 내가 만물을 새롭게 하노라고 하시면서 갱신으로써 새 창조를 말씀하고 있다. 그러면서 거룩한 성 새 예루살렘이 하나님께로부터 하늘에서 내려온다고 말씀하고 있다(계 21:2). 천상에서 내려와 지상으로 이루어질 것을 말씀하고 있다. 이어서 내가 생명수 샘물을 목마른 자에게 값없이 준다고 말씀하고 있다(계 21:6). 또한 이기는 자는 이것들을 상속으로 받으리라고 말씀하고 있다(계 21:7). 그러면서 오직 어린 양의 생명책에 기록된 자들만 들어가리라(계 21:27)고 하면서 21장을 끝맺고 있다.

2) 따라서 20장과 21장은 '또 내가 보니'라고 동일하게 시작하고 있지만, 그 내용은 철저하게 서로 대조를 이루면서 끝을 맺고 있다.

   20장의 끝은 요한계시록 20:15에서 생명책에 기록되지 못한 자가 불 못에 던져진다고 말씀하고 있고, 21장의 끝은 요한계시록 21:27에서 오직 어린 양의 생명책에 기록된 자들만 새 하늘과 새 땅에 들어간다고 말씀하고 있다.

3) 그러면서 요한계시록 21:9-22:9, 엄격하게 말하면 요한계시록 21:9-22:5까지 새 하늘과 새 땅인 거룩한 성 예루살렘에 대해서 아주 구체적으로 말씀하고 있다.

   지금까지 크게 세 가지로 살펴 보았다. 첫째는 거룩한 성 예루살렘은 어린 양의 신부이다. 둘째는 거룩한 성 예루살렘은 하나님의 지성소이다. 셋째는 거룩한 성 예루살렘은 옛 창조의 회복이다.

4) 그리고 나서 22장을 새롭게 시작하고 있다.

하지만 22장은 21장의 연속이다. 우리말 개역개정에서도 '또 그가…내게 보이니'라고 한다. 하지만 원문은 더욱 분명하다. 맨 앞 부분에서 '또 그가 나에게 보이니…'(Καὶ ἔδειξέν μοι...)라고 시작하고 있다.

5) 그러니 여기 '그가'는 21:9에 나오는 '일곱 대접을 가지고 마지막 일곱 재앙을 담은 일곱 천사 중 하나'이다.

그가 사도 요한에게 "내가 신부 곧 어린 양의 아내를 네게 보이리라"(계 21:9)라고 하면서 거룩한 성 예루살렘을 보여주었다. 이어서 21:22에서 사도 요한은 "성 안에서 내가 성전을 보지 못하였으니"라고 했다. 거룩한 성 예루살렘에는 성전이 없었다.

6) 그리고 이제 요한계시록 22:1에서 '또 그가 나에게 보이니'라고 한다.

또 그가, 즉 요한계시록 21:9의 일곱 천사 중 하나가 사도 요한에게 수정같이 맑은 생명수의 강을 보여주었다. '수정같이 맑은 생명수의 강'은 이미 요한계시록 7:17에서 '보좌 가운데 계신 어린 양이 목자가 되사 생명수 샘으로 인도하실 것'이라고 말씀했고, 요한계시록 21:6에서도 하나님께서 친히 '나는 알파와 오메가요 처음과 나중이라 내가 생명수 샘물로 목마른 자에게 값없이 주리니'라고 말씀했으며, 요한계시록 22:17에서도 성령과 신부가 '원하는 자는 값없이 생명수를 받으라'고 말씀하고 있다. 생명의 샘, 생명수 샘물을 이제는 생명수의 강이라고 한다. 그것도 수정같이 맑다고 하면서 생명수의 정결함을 보여주고 있다. 거룩한 성전과 같이 맑은 생명수의 강이라고 한다. 이렇게 거룩한 성 예루살렘을 생명수의 강 이미지로 말씀하고 있다.

1. 생명수의 강은 보좌로부터 나온다.

1) 일곱 천사 중 하나가 사도 요한에게 수정같이 맑은 생명수의 강을 보여주었다. 그것도 수정같이 맑고 반짝거리는 생명수 강이 하나님과 어린 양의 보좌로부터 흘러나오고 있다. 생명수 강의 근원이 창조주 하나님과 구속주 어린 양 되신 예수 그리스도의 '보좌'임을 분명하게 말씀하고 있다.

2) 그런데 여기 이상한 것은 '보좌'를 그 보좌라고 하면서 단수형으로 사용하고 있다는 사실이다. 분명히 '그 하나님과 그 어린 양'이라고 했으니 '보좌들'이라는 복수를 사용해야 한다. 그래야 문법적으로 맞다. 그러나 이러한 문법적 불일치를 의도적으로 사용하고 있다. 그것은 하나님과 어린 양이 분리될 수 없는 동일한 본질이심을 드러내고 있다.

3) 그 하나님 즉 창조주 하나님과 구속주 어린 양으로부터 "나와서"(계 22:1) "길 가운데로 흐르더라"(계 22:2)라고 한다. 우리말 개

역개정은 두 개의 단어로 '나와서…흐르더라'고 하지만, 원문은 하나의 단어이다. 마치 액체가 줄줄 흐르는 것과 같이 말하고 있다. 그러면서 그것도 현재 분사로 사용하고 있다. 따라서 생명수 강이 하나님과 어린 양의 보좌에서 발원하여 현재에도 계속 흐르고 있는 것을 말씀하고 있다. 그것도 '길 가운데'로 흐르는 것을 말씀하고 있다.

4) 우리말 개역개정은 생명수 강이 길 한가운데로 흐르는 것으로 번역을 하고 있다. 그러나 원문은 생명수 강이 좌우 두 갈래로 나뉘고 그렇게 갈라진 강 사이에 생명나무가 자리하고 있는 것으로 되어 있다. 그 생명나무가 있어 열두 가지 열매를 맺되 달마다 열매를 맺는다는 것이다. 그리고 그 잎사귀들은 만국을 치료하기 위하여 있다고 한다. 이렇게 요한계시록 22:1에서 생명수 강에 대한 언급 이후 곧바로 요한계시록 22:2에서 생명나무에 대해서 말씀하고 있다.

5) 말씀의 배경은 크게 두 가지이다. 하나는 창세기의 에덴동산이다. 하지만 이러한 창세기 에덴동산과 다르게 거룩한 성 예루살렘에는 생명나무만 있다. 선악을 알게 하는 나무는 없다. 또 창세기 에덴동산은 강이 네 갈래였으나 거룩한 성 예루살렘은 좌우 두 갈래이다. 다른 하나는 에스겔서이다(겔 47:1-2). 에스겔 선지자의 환상에서는 성전에서 물이 발원하고 있다. 그러나 거룩한 성 예루살렘에서는 하나님과 어린 양의 보좌로부터 흘러나오고 있다. 에덴동산이나 에스겔 선지자의 환상에서는 그냥 물인데, 거룩한 성 예

루살렘에서는 생명수이다.

6) 에덴동산에서 흘러나오는 네 갈래의 강물이 에덴동산의 모든 식물을 촉촉하게 적심으로 그 생명의 싱싱함을 유지할 수 있었다. 이와같이 에스겔서의 성전에서 흘러나오는 물은 죽어 있는 모든 것들을 살려 낸다. 성전에서 흘러 나오는 물이 이르는 곳마다 모든 생물이 소생함을 얻게 된다. 그래서 에스겔서는 그 잎사귀는 약 재료가 되리라고 했다. 그러나 거룩한 성 예루살렘에는 그 나무 잎사귀들이 만국을 치료하기 위하여 있다고 한다. 만국을 치료하기 위한 용도로 사용되고 있다.

7) 그렇다면 왜 거룩한 성 예루살렘을 에스겔 선지자의 환상과 다르게 말씀하고 있는가? 그것은 거룩한 성 예루살렘이 단순히 에스겔 선지자의 성전의 성취를 의미하는 것이 아니라, 그 이상을 완성한 것이기 때문이다. 이러한 사실은 그 치료의 대상이 만국인 것으로 알 수 있다. 여기 만국은 모든 인류를 가리키는 것이 아니라, 모든 민족 가운데서 하나님의 선택을 받은 구원받은 백성들을 가리키는 것이다(참고, 21:24, 21:26). 또한 여기 치료하는 것은 어떤 병든 상태를 고쳐주는 것이 아니라, 영육 간의 강건함을 계속 유지하도록 끊임없이 새로운 생명력을 공급하는 것을 의미한다. 사망이 다시 발붙이지 못하고 영생을 풍성하게 누릴 것을 말씀하고 있다. 만국의 치유 즉 만국을 온전하게 하실 것을 말씀하고 있다.

2. 생명수 강으로 다시 없게 된다.

1) 거룩한 성 예루살렘에는 수정같이 맑은 생명수의 강이 하나님과 어린 양의 보좌로부터 나와서 흘러넘치게 된다. 그래서 생명나무 가 열두 가지 열매를 맺게 된다. 그 나무 잎사귀들은 만국을 치료 하기 위하여 사용되고 있다.

2) 뿐만 아니라 거룩한 성 예루살렘에는 생명수의 강으로 말미암아 두 가지가 다시 없게 된다. 하나는 다시 저주가 없다. 우리말 개역 개정에는 그냥 다시 저주가 없다고 한다. 그러나 원문은 '모든 저 주가 다시 없다'(καὶ πᾶν κατάθεμα οὐκ ἔσται ἔτι.)로 되어 있다. 에 덴동산에서는 생명나무와 선악을 알게 하는 나무가 동시에 존재 했다. 아담과 하와는 선악을 알게 하는 나무의 열매를 따 먹음으로 타락하게 되었으며, 저주를 받게 되었다. 그러나 이제 거룩한 성 예루살렘에는 선악을 알게 하는 나무가 더 이상 존재하지 않는다. 더 이상 죄가 침입하거나, 타락이나 저주가 있을 수 없다. 오로지 생명나무만 있다. 그러니 이제 모든 저주가 다시 있을 수 없다(슥 14:11).

3) 그러면서 거룩한 성 예루살렘에는 하나님과 그 어린 양의 보좌가 그 가운데 있다. 여기서 보좌는 단수이다. 구속주 어린 양되신 예 수 그리스도가 하나님이시라는 것이다. 이것을 통해서 거룩한 성 예루살렘은 하나님의 완벽한 임재와 완전한 통치로 다스려지는 곳임을 말씀하고 있다. 또한 그의 종들이 그를 섬긴다고 한다. 그

의 종들은 하나님의 백성들로 종의 자세를 가지고, 계속적인 섬김과 복종의 자세로 한 분 하나님을 섬기게 된다는 것이다. 미래형으로 미래에도 계속해서 영원토록 예배함을 보여준다. 뿐만 아니라 하나님의 얼굴을 볼 것이다. 더 나아가서 하나님의 종들의 이마에 하나님의 이름이 있다. 이것은 하나님의 소유임을 확증하는 징표이다. 또한 첫 창조 곧 에덴동산에서 상실했던 거룩한 이름, 하나님의 형상의 완전한 회복을 의미한다(고후 3:18).

4) 또 하나 다시 밤이 없다. 이러한 사실은 이미 요한계시록 21:25에서 말씀했다. 요한계시록 21:1, 4, 5의 말씀과 같이 새 하늘과 새 땅이 이루어졌기 때문이다. 새 창조가 이루어졌기 때문에 더 이상 밤이 존재하지 않는다. 그것은 등불과 햇빛이 쓸데없기 때문이다(계 21:23). 그 이유(ὅτι)는 주 하나님이 그들에게 빛이시기 때문이다(사 60:19).

5) 한편 요한계시록 22:3에서 '그의 종들'(οἱ δοῦλοι αὐτοῦ)이라고 하고, 요한계시록 22:5에서 '주 하나님'(κύριος ὁ θεὸς)이라고 하면서 하나님은 그들의 주인이시고, 그들은 하나님의 종들이라는 언약적 관계를 말씀하고 있다. 그들은 종으로 하나님께 경배하며 섬기며, 예배한다. 그의 종들에게 하나님께서 은혜의 빛, 영광의 빛을 비추어주시는 것이다(민 6:24-26). 그래서 '그들이 세세토록 왕 노릇하리로다'(καὶ βασιλεύσουσιν εἰς τοὺς αἰῶνας τῶν αἰώνων.)라고 한다. 천년 왕국의 통치 즉 왕 노릇이다(계 20:46). 그러나 요한계시록 22:5은 미래적으로 주어질 영원한 왕 노릇이다. 거룩한 성 예루

살렘에서 왕 노릇은 시간적 제한이 없는 통치이다. 그것도 천상이 아닌 지상에서의 왕 노릇이다. 왕 같은 제사장으로 이 땅에서 왕으로 살아간다.

> **결론** 요한계시록 21:9-22:9은 요한계시록 17:1-19:10의 바벨론에 대한 심판과 멸망과 대조적으로 거룩한 성 예루살렘의 구원과 영광에 대해서 말씀하고 있다. 거룩한 성 예루살렘에 대해 아주 다양한 이미지, 즉 모티브를 통해서 말씀하고 있다. 그것도 일곱 천사 중 하나가 사도 요한에게 환상을 통해서 보여주고 있다. 사도 요한을 성령 안에서 데리고 크고 높은 산으로 올라가서 하나님께로부터 하늘에서 내려오는 거룩한 성 예루살렘을 보이고 있다. 또한 그 천사는 사도 요한에게 거룩한 성 예루살렘에 대해 말해 주고 있다.

1) 그러면서 거룩한 성 예루살렘의 모습을 크게 두 부분으로 나누어 말씀하고 있다. 하나는 요한계시록 21:9-21이다. 거룩한 성 예루살렘의 외부적인 모습이다. 또 다른 하나는 요한계시록 21:22-22:5이다. 거룩한 성 예루살렘의 내부적인 모습이다.

2) 따라서 거룩한 성 예루살렘을 크게 네 가지로 정리할 수 있다. 첫째, 요한계시록 21:9-14에서 거룩한 성 예루살렘은 어린 양의 신부 즉 아내이다. 그곳에 하나님의 영광이 있다. 열두 이름이 있다. 둘째, 요한계시록 21:15-21에서 거룩한 성 예루살렘은 하나님의

지성소이다. 그곳의 규모는 12,000 스다디움으로 길이와 너비와 높이가 같은 정육방체이다. 각종 보석으로 꾸며졌다. 셋째, 요한계시록 21:22-27에서 거룩한 성 예루살렘은 성전의 완성이요. 첫 창조의 회복이다. 그곳에는 성전이 없다. 해나 달의 비침이 쓸데없다. 오직 어린 양의 생명책에 기록된 자들만 들어간다.

3) 넷째, 요한계시록 22:1-5에서 거룩한 성 예루살렘을 어떻게 말씀하고 있는가? 한마디로 거룩한 성 예루살렘은 에덴의 회복이다. 에덴의 완성이다. 그것도 에덴동산의 모티브와 성전의 모티브를 다 함께 이미지로 말씀하고 있다. 창세기 2장과 에스겔 47장을 배경으로 말씀하고 있다. 그러나 조금씩 차이가 있다. 이것은 에덴동산보다 더 완전한 에덴의 회복이라는 것이다. 또한 성전의 성취 그 이상의 의미로서 성전의 완성이라는 것이다.

4) 아무튼 일곱 천사 중 하나가 사도 요한에게 수정같이 맑은 생명수의 강을 보이고 있다(계 21:9, 21:1, 22:2). 그 생명수의 강은 보좌로부터 흘러나오고 있다. 하나님과 어린 양의 보좌이다. 그 강 좌우에 생명나무가 있다. 열두 가지 열매를 맺고, 그 나무 잎사귀들은 만국을 치료하기 위하여 있다. 여기서 중요한 것은 하나님과 어린 양의 보좌로부터 생명수 강이 흘러나온다는 사실이다. 또한 거룩한 성 예루살렘은 에덴의 회복뿐만 아니라, 에덴의 축복을 말씀하고 있다. 에덴 동산의 파라다이스 낙원 그 자체라는 것이다. 온전한 회복으로서 축복을 말씀하고 있다.

5) 다시 말해서 오직 생명책에 기록된 자들이 들어가서 누리는 축복된 영원한 삶을 말씀하고 있다. 그래서 거룩한 성 예루살렘에는 그 생명수의 강으로 말미암아 다시 저주가 없다. 다시 밤이 없다. 등불과 햇빛이 쓸데없다. 그곳에는 하나님과 그 어린 양의 보좌가 그 가운데 있다. 그의 종들이 하나님을 섬기는 예배가 있다. 그들의 이마에 하나님의 이름이 있다. 주 하나님의 영광이 그들에게 비치고 있다. 그래서 그들은 세세토록 왕 노릇하고 있다. 따라서 에덴 동산과 성전의 완성으로서 거룩한 성 예루살렘에서는 오직 어린 양의 생명책에 기록된 자들이 완전한 안식과 평강을 누린다는 것이다. 그곳에서 영원토록 왕노릇 한다는 것이다. 뿐만 아니라 이러한 에덴의 회복과 축복으로서 거룩한 성 예루살렘은 요한계시록 2-3장과 비교가 되고 있다.

그 천사는 또 나에게 이렇게 말했습니다. '이것은 진실하고 참된 말씀이다. 예언
자들에게 성령을 주시는 주 하나님께서 그의 종들에게 곧 되어질 일들을 보이시
려고 그분의 천사를 보내셨다.'

And he said unto me, These sayings are faithful and true: and the Lord God
of the holy prophets sent his angel to shew unto his servants the things which
must shortly be done.

요한계시록 22:6

15

이 말은 신실하고 참된지라

이 말은 신실하고 참된지라

성경 : 요한계시록 22 : 6 - 9

> **서론** 요한계시록은 이중적 결론부를 가지고 있다(계 17-22장).
> 그것은 결론부의 두 단어 즉 '성령 안에서'(ἐν πνεύματι)라
> 는 말씀을 통해 요한계시록 17:1-19:10과 21:9-22:9
> 로 구분할 수 있다(계 17:3, 21:10). 이것을 구조적으로 보
> 면 다음과 같다.
> A 계 17:1-19:10 바벨론의 심판과 멸망
>   B 계 19:11-21:8 백마 탄 자, 심판과 멸망, 새 하늘과 새 땅
> A' 계 21:9-22:9 새 예루살렘의 구원과 영광

1) 이를 통해서 요한계시록 17:1-19:10과 21:9-22:9 사이에 존
재하는 구조적 병행을 발견할 수 있다.

이 두 부분은 동일한 방식으로 시작하고, 끝을 맺고 있다. 요한계
시록 17:1-3과 21:9-10의 서론과 요한계시록 19:9-10과 22:6-9
의 결론이 비슷하게 시작하고 끝나고 있다. 이러한 언어적 병행(계
17:3, 21:10)은 '성령 안에서'(ἐν πνεύματι) 뿐만 아니라, 문맥적으로
도 이루어져 있다. 특히 두 부분 모두 '일곱 천사 중의 하나'가 사도
요한에게 와서 "이리로 오라"라고 하며 환상을 보여준다. 그리고 이
어서 '큰 음녀'와 '어린 양의 신부'라는 두 여성으로 유비하고, 환상

의 주요 부분에서 두 도시 즉 '큰 성 바벨론'와 '새 예루살렘'을 의도적으로 대조시키고 있다. 그리고 두 주제 즉 '심판'과 '영광'이 서로 대조를 이루고 있다. 이 부분을 도표로 나타내면 다음과 같다.

	큰 성 바벨론의 멸망(계 17:1-19:10)	새 예루살렘의 영광(계 21:9-22:9)
서론	17:1 "또 일곱 대접을 가진 일곱 천사 중 하나가 와서 내게 말하여 이르되 이리로 오라 많은 물 위에 앉은 큰 음녀가 받을 심판을 네게 보이리라"	21:9 "일곱 대접을 가지고 마지막 일곱 재앙을 담은 일곱 천사 중 하나가 나아와서 내게 말하여 이르되 이리 오라 내가 신부 곧 어린 양의 아내를 네게 보이리라하고"
	17:3 "곧 성령으로 나를 데리고 광야로 가니라 내가 보니 여자가 붉은 빛 짐승을 탔는데 그 짐승의 몸에 하나님을 모독하는 이름들이 가득하고 일곱 머리와 열 뿔이 있으며	21:10 "성령으로 나를 데리고 크고 높은 산으로 올라가 하나님께로부터 하늘에서 내려오는 거룩한 성 예루살렘을 보이니"
본론	환상의 주요부 : 큰 성 바벨론	환상의 주요부 : 새 예루살렘
결론	19:9 "천사가 내게 말하기를 기록하라 어린 양의 혼인 잔치에 청함을 받은 자들은 복이 있도다 하고 또 내게 말하되 이것은 하나님의 참되신 말씀이라 하기로"	22:6 "또 그가 내게 말하기를 이 말씀은 신실하고 참된지라 주 곧 선지자들의 영의 하나님이 그의 종들에게 반드시 속히 되어질 일을 보이시려고 그의 천사를 보내셨도다"
	19:10 "내가 그 발 앞에 엎드려 경배하려 하니 그가 나에게 말하기를 나는 너와 및 예수의 증언을 받은 네 형제들과 같이 된 종이니 삼가 그리하지 말고 오직 하나님께 경배하라 예수의 증언은 예언의 영이라 하더라"	22:8-9 "이것들을 보고 들은 자는 나 요한이니 내가 듣고 볼 때에 이 일을 내게 보이던 천사의 발 앞에 경배하려고 엎드렸더니 그가 내게 말하기를 나는 너와 네 형제 선지자들과 또 이 두루마리의 말을 지키는 자들과 함께 된 종이니 그리하지 말고 하나님께 경배하라 하더라"

2) 이렇게 요한계시록 21:9-22:9은 요한계시록 17:1-19:10의 바벨론에 대한 심판과 멸망과 대조적으로 거룩한 성 예루살렘의 구원과 영광에 대해서 말씀하고 있다.

특별히 일곱 대접을 가지고 마지막 일곱 재앙을 담은 일곱 천사 중 하나가 요한계시록 21:9에서 "내가 네게 보이리라"라고 하면서 거룩한 성 예루살렘을 보여주고 있다. 이어서 요한계시록 21:15에서 "내게 말하는 자가"라고 하면서 일곱 천사 중 하나가 그 성을 측량하여 보여주고, 성에 대해 말해주고 있다. 그리고 요한계시록 21:22에서는 특별히 "성 안에서 내가 성전을 보지 못하였으니"라고 한다. 이어서 요한계시록 22:1에서 '또 그가 내게 보이니'라고 하면서 맑은 생명수의 강을 환상으로 보이고 있다. 이렇게 환상과 말을 통해 거룩한 성 예루살렘을 아주 다양한 이미지, 즉 모티브를 통해서 말씀하고 있다.

3) 그런데 요한계시록 22:1-5에서 맑은 생명수의 강을 환상으로 보인데 이어 요한계시록 22:6에서 "또 그가 내게 말하기를"이라고 한다.

마치 요한계시록 21:9에서 환상으로 어린 양의 아내 곧 거룩한 성 예루살렘을 보이고, 요한계시록 21:15에서 "내게 말하는 자가"라고 하면서 성의 규모를 측량한 것을 말하는 것과 같이, 요한계시록 22:1에서 환상으로 맑은 생명수의 강을 보이고, 이제 요한계시록 22:6에서 "또 그가 내게 말하기를"이라고 하면서 일곱 천사 중 하나가 사도 요한에게 말해준 것을 기록하고 있다.

4) 또 요한계시록 22:9에서도 '그가 내게 말하기를…'이라고 하면서 사도 요한에게 말해 주고 있다.

이어서 요한계시록 22:10에서도 '또 내게 말하되…'라고 하면서 사도 요한에게 계속 말해 주고 있다. 더욱이 요한계시록 22:17에서는 '성령과 신부가 말씀하시기를…'라고 하면서 이제는 일곱 천사 중의 하나가 아니라, 성령과 신부가 말씀하고 있다.

5) 지금까지는 천사가 계속 환상을 보여주다가 요한계시록 21:15 에서 한 번 말하고, 요한계시록 22:6 이하에서는 "이 말은 신실하고 참된지라"라고 하면서 계속 말하고 있다.

그리고 사도 요한은 22:8에서 아주 분명하게 "이것들을 보고 들은 자는 나 요한이니"라고 하면서 자신이 직접 보고 들은 것이라는 것을 말씀하고 있다.

1. 이 예언의 말씀을 지키는 자가 복이 있다.

1) 요한계시록 22:6을 시작하면서 '그리고 그가 나에게 말했다'(Καὶ εἶπέν μοι)고 한다. 요한계시록 21:9에서 일곱 대접을 가지고 마지막 일곱 재앙을 담은 일곱 천사 중 하나가 어린 양의 아내 곧 신부

를 보여주겠다고 말하고 있다. 그리고 그 천사가 22:1에서 맑은 생명수 강을 사도 요한에게 보여주었고 이제는 그가 사도 요한에게 말해 주고 있다. 요한계시록 22:1은 그 천사가 보여주는 내용이고, 요한계시록 21:9과 21:15, 22:6은 그 천사가 말하는 내용이다.

2) 그 일곱 천사 중 하나가 사도 요한에게 '이 말은 신실하고 참된지라'고 한다. '이 말씀들'(οὗτοι οἱ λόγοι)이라고 하면서 하나님의 말씀에 강조점을 두면서 하나님의 말씀의 신실성과 진실성을 말씀하고 있다(계 19:9, 21:5).

3) 그렇다면 여기 '이 말씀들'은 무엇을 가리키고 있는가? 크게 두 가지 가능성을 가지고 있다. 하나는 요한계시록 21:1-22:5의 새 하늘과 새 땅 즉 새 창조와 거룩한 성 새 예루살렘에 대한 내용을 가리킨다고 할 수 있다. 이 경우는 요한계시록 22:1-5의 연속으로 요한계시록 22:6-9을 결론으로 생각하는 것이다. 또한 이것은 요한계시록 21:9-22:9의 거룩한 성 예루살렘에 대한 결론으로 영광스러운 교회 모습에 대한 확증을 제시하기 때문이다. 또 다른 하나는 요한계시록 1장과의 관계 속에서 요한계시록 전체 내용을 가리킨다고 할 수 있다. 이 경우는 요한계시록 에필로그(계 22:6-21, Epilogue)의 역할로서 프롤로그(계 1:1-8, Prologue)와 병행을 하고 있기 때문이다.

4) 이렇게 사도 요한은 이 말씀을 신실하고 참되다고 하시면서 하나님의 말씀의 계시 경로를 말씀하고 있다. '…주 곧 선지자들의 영의 하나님이 그의 종들에게 반드시 속히 되어질 일을 보이시려고

그의 천사를 보내셨도다'라고 한다. 이 말씀은 계시록 1:1과 병행을 이루고 있다. 요한계시록 1:1에서 예수 그리스도의 계시의 경로는 다음과 같다. 하나님 → 예수 그리스도 → 천사 → 요한 → 종들(교회 공동체)로 이어지는 경로로 계시해 주셨다. 요한계시록 1:1과 22:6을 비교해 보면 요한계시록 1:1은 "하나님이 그에게 주사"라고 되어 있지만, 요한계시록 22:6은 '그에게 주사'가 생략되어 있다. 또 요한계시록 1:1은 그냥 '하나님'이라고 되어 있지만, 요한계시록 22:6은 '주 곧 선지자들의 영들의 하나님'이라고 보다 자세하게 기록하고 있다.

5) 그러면서 요한계시록 1:1은 '반드시 속히 일어날 일들을 그 종들에게 보이시려고'(δεῖξαι τοῖς δούλοις αὐτοῦ ἃ δεῖ γενέσθαι ἐν τάχει)라고 하고, 요한계시록 22:6은 '반드시 속히 되어질 일을 보이시려고'(δεῖξαι τοῖςδούλοις αὐτοῦ ἃ δεῖ γενέσθαι ἐν τάχει)라고 한다. 우리말 개역개정은 조금 다르게 번역하고 있지만, 원문은 똑같다. 헬라어 '데이'(δεῖ)가 있어 반드시 그렇게 된다는 것이다. 일점 일획도 틀림없이 성취되어진다는 것이다. 특별히 이 말씀은 요한계시록 1:1에서 다니엘 2:28-29을 배경으로 예수 그리스도의 십자가의 구속 사역에 의해 이미 이루어진 실현된 종말적 사건으로 사용되고 있다. 그러나 또한 요한계시록 22:6에서 다시 사용함으로써 새 하늘과 새 땅, 거룩한 성 예루살렘이라는 구속 사역의 완성을 기록한 후 마무리하는 문맥에서 아직 이루어지지 않은 미래적 종말과 관련하여 사용되고 있다.

6) 요한계시록 22:7은 이 말씀들이 신실하고 참되신 하나님의 예언의 말씀이기 때문에 이 말씀에 대해 어떠한 태도를 취해야 하는지를 말씀하고 있다. '보라 내가 속히 오리니'라고 하면서 백마 타고 오시는 예수 그리스도께서 속히 오심을 말씀하고 있다. 이렇게 요한계시록은 임박한 예수 그리스도의 재림에 대해서 계속 말씀하고 있다(계 1:3, 2:5, 16, 3:11, 16:15, 22:7, 12, 20 등). 예수 그리스도의 초림으로 인해 현재에도 계속 오고 계시며, 미래에 반드시 재림으로 속히 오신다는 것을 말씀하고 있다.

7) 임박한 예수 그리스도의 오심에 대해 어떻게 반응해야 하는가? 요한계시록 22:7에서 '이 두루마리의 예언의 말씀을 지키는 자는 복이 있으리라 하더라'고 한다. 이 말씀 역시 계시록 1:3과 병행을 이루고 있다. "이 예언의 말씀을 읽는 자와 듣는 자들과 그 가운데 기록한 것을 지키는 자들이 복이 있나니 때가 가까움이라"(Μακάριος ὁ ἀναγινώσκων καὶ οἱ ἀκούοντες τοὺς λόγους τῆς προφητείας καὶ τηροῦντες τὰ ἐν αὐτῇ γεγραμμένα· ὁ γὰρ καιρὸς ἐγγύς. 참고, 개역성경과 개역개정의 차이는 단수, 복수)라고 한다. 1:3은 '이 예언의 말씀'(τοὺς λόγους τῆς προφητείας)이라고 하고, 22:7은 '이 책의 예언의 말씀'(τοὺς λόγους τῆς προφητείας τοῦ βιβλίου τούτου)이라고 하여 조금 차이가 있다. 그러나 그 의미는 같다. 또 '복이 있다'는 말씀도 같다. 그런데 요한계시록 1:3에서는 '때가 가까움이라'고 하고 있고, 요한계시록 22:7은 '보라 내가 속히 오리니'라고 하고 있다. 요한계시록 1:3에서는 때가 가깝기 때문에 예언의

말씀을 읽고, 듣고, 지키는 삶이 복되다고 말씀하고 있다. 이미 시작된 종말이. 이미 그 때가 도래해 있는 상태이기 때문에 예언의 말씀을 읽고, 듣고, 지키는 삶이 복이 된다는 것이다. 그러나 요한계시록 22:7에서는 예수 그리스도께서 속히 오시기 때문에 이 책의 예언의 말씀을 지키는 것이 복되다고 말씀하고 있다. 예수 그리스도께서 속히 오심은 이미 도래한 상태를 근거로 미래에 이루어지는 완성의 상태를 전망하도록 미래적 종말로 오실뿐만 아니라, 현재 상시적으로 오심(계 2:26)으로 예수 그리스도께서 속히 오시게 되어 있으므로 예언의 말씀을 지키는 자가 복되다고 말씀하고 있다.

8) 그리고 요한계시록 1:3에서는 '이 예언의 말씀을 읽는 자와 듣는 자들과 그 가운데 기록한 것을 지키는 자들이 복이 있나니'라고 한다. 이렇게 읽는 자는 단수, 듣는 자들과 지키는 자들이 복수로 되어 있다. 그러나 요한계시록 22:7에서는 '이 두루마리의 예언의 말씀을 지키는 자는 복이 있으리라'고 한다. 읽는 자와 듣는 자들을 생략하고, 오직 그 지키는 자를 강조하고 있다. 그것도 그 지키는 자, 정관사를 가지고 있는 현재, 단수로 되어 있다. 지금도 여전히 계속해서 지키고 있는 사람이 복이 있다는 사실을 말씀하고 있다. 예언의 말씀을 지키는 삶을 요구하며 그러한 자들은 복이 있다는 것이다. 요한계시록에서 일곱 차례 언급되는 축복 가운데 요한계시록 22:7이 여섯 번째 축복이다(계 1:3, 14:13, 16:15, 19:9, 20:6, 22:7, 22:14). 따라서 하나님의 복은 어느 한순간 일시적으로 말씀을 지키고 순종하는 자에게 주어지는 것이 아니라, 지속적으로 말

씀을 지키고 순종하는 자들에게 주어진다는 것이다.

2. 이 말씀을 지키는 자들과 함께 된 종이다.

1) 우리말 개역개정은 요한계시록 22:8을 단원을 나누는 ○로 시작
   하고 있다. 요한계시록 22:6-7과 22:8-9이 서로 단절된 것 같은
   느낌을 가지게 하고 있다. 그러나 요한계시록 22:8-9은 22:6-7과
   연속적 내용으로 주어지고 있다. 그것은 요한계시록 22:8을 시작
   하면서 '카이'와 '에고'의 합성어인 '카고'(Κἀγὼ)라고 강조하고 있
   는데, '카고'(Κἀγὼ)는 '그리고 나'라는 뜻이므로 "그리고 나, 요한
   이"라고 하면서 연결되고 있기 때문이다.

2) 또한 요한계시록 22:6-9은 19:7-10과 함께 병행적 내용으로 하나
   의 단위를 이루고 있기 때문이다. 그러니까 요한계시록 22:8-9은
   22:6-7에서 천사 중 하나와 사도 요한이 나눈 대화에 대한 반응을
   통해 그 말씀의 경이로움을 극적으로 드러내고 있다. 이것들을 보
   고 들은 자가 그 누구도 아닌 바로 사도 요한 자신임을 드러내고
   있다. 그래서 요한 자신은 이것들을 보고 들었다고 한다.

3) 여기 '이것들'(ταῦτα)은 바로 뒤에 나오는 '이 일을'(ταῦτα)과 동일
   한 것이다. 우리말 개역개정은 서로 다르게 번역하고 있지만, 원문
   으로는 똑같다. 따라서 이것들은 사도 요한이 보고 들은 것처럼 보
   이나, 실상은 일곱 천사 중 하나가 사도 요한에게 보여준 것이다.

이것 역시 이중적 의미를 가지고 있다. 그것은 바로 요한계시록 21:9과의 관계 속에서 거룩한 성 예루살렘으로 해석이 가능하다. 또한 요한계시록 19:9-10과 병행되는 요한계시록 22:6-9을 요한계시록 21:1-22:5에 속한 것으로 본다면 이것들은 새 하늘과 새 땅 즉 새 창조와 더불어 거룩한 성 예루살렘을 가리키는 것으로 볼 수 있다.

4) 그러나 또한 더 앞으로 가서 요한계시록 전체적인 면에서 보면, 요한계시록 1:1-8의 프롤로그와 관계에서 요한계시록 전체의 말씀을 가리킨다고 볼 수도 있다. 또한 요한계시록 22:7과의 관계에서 보면 '이 두루마리의 예언의 말씀'으로 요한계시록 전체를 지칭하는 것으로 이해할 수 있다. 왜냐하면 이 모두가 다 '천사'를 통하여 주어진 것이기 때문이다. 그것은 요한계시록 22:8에서 사도 요한이 경배하려고 그 앞에 엎드렸던 그 천사는 복수가 아니라 단수이기 때문이다. 그렇기 때문에 요한계시록 21:9의 그 천사와 요한계시록 22:8의 그 천사가 동일한 존재로 볼 수 있다.

5) 사도 요한은 이것을 듣고 보았을 때 그것을 전달해 준 그 천사의 발 앞에 경배하려고 엎드렸다는 것이다. 이러한 사도 요한의 행동에 대해 그 천사는 당연하게도 그리하지 말고 하나님께만 경배하라고 한다. 그 이유는 그 천사 자신도 사도 요한과 동일하게 하나님의 말씀을 전달하는 중개자일 뿐이기 때문이라는 것이다. 함께 된 종이라는 것이다(계 19:10).

6) 아무리 천사가 육체를 가진 인간과 달리 순수하게 영적 존재이고, 천상적 존재라고 할지라도 천사를 경배하는 것은 천부당 만부당한 일이다(골 2:18). 그 천사도 여전히 종일 뿐이다. 뿐만 아니라 사도 요한은 이러한 그 천사의 언급을 통해 요한계시록에 기록된 예언이 천사조차도 그 전달자에 불과하다는 사실을 드러냄으로써 요한계시록 전체 혹은 거룩한 성 예루살렘에 대한 계시가 하나님에게서 나온 신적 권위를 가진 진리의 말씀이라는 것을 다시 한 번 강조하고 있다.

> **결론** 요한계시록 22:6-9은 요한계시록의 전체의 결론 부분인가? 아니면 거룩한 성 예루살렘의 결론 부분인가? 서로 논란이 있다.

1) 먼저 요한계시록 22:6-9은 거룩한 성 예루살렘의 결론 부분이다. 이것은 요한계시록 17:3과 21:10의 '성령 안에서'(ἐν πνεύματι)가 속해 있는 요한계시록 17:1-19:10과 21:9-22:9이 철저하게 대조적 병행을 이루고 있기 때문이다. 요한계시록 17:1과 21:9이 정확히 문자적으로 일치하고 있다. 또 요한계시록 17:1-3과 21:9-10의 서론이 서로 일치하며, 요한계시록 19:9-10과 22:6-9의 결론이 서로 일치하고 있다. 이렇게 두 단락은 바벨론의 멸망과 새 예루살렘의 영광이라는 주제적 병행뿐만 아니라, 서론 부분과 결론 부분의 언어적 병행이 아주 잘 나타나고 있기 때문이다.

2) 그 다음 요한계시록 22:6-9과 19:9-10이 서로 병행되지 않는 부분은 요한계시록 1:1-3과 언어적으로 병행을 이루고 있다는 것이다. 특별히 요한계시록 1:1과 22:6, 1:3과 22:7,10을 서로 비교해 보면 확연하게 드러나는 어휘상의 병행을 발견할 수 있다. 요한계시록 22:6-9의 대부분이 요한계시록 19:9-10과도 언어적으로 병행과 균형을 이루고 있지만, 직접적으로 병행되지 않는 부분도 있다. 그러나 이것은 또다시 요한계시록 1:1-3과 언어적으로 서로 병행을 이루고 있다. 이 부분을 좀 더 확대하여 요한계시록 1:1-3과 22:6-10의 두 본문을 서로 비교해보면 잘 알 수 있다.

계 1:1-3	계 22:6-10
1:1 "예수 그리스도의 계시라 이는 하나님이 그에게 주사 반드시 속히 일어날 일들을 그 종들에게 보이시려고 그의 천사를 그 종 요한에게 보내어 알게 하신 것이라"	22:6 "또 그가 내게 말하기를 이 말은 신실하고 참된지라 주 곧 선지자들의 영의 하나님이 그의 종들에게 반드시 속히 되어질 일을 보이시려고 그의 천사를 보내셨도다"
1:2 "요한은 하나님의 말씀과 예수 그리스도의 증거 곧 자기가 본 것을 다 증언하였느니라"	22:7 "보라 내가 속히 오리니 이 두루마리의 예언의 말씀을 지키는 자는 복이 있으리라 하더라"
1:3 "이 예언의 말씀을 읽는 자와 듣는 자와 그 가운데에 기록한 것을 지키는 자는 복이 있나니 때가 가까움이라"	22:10 "또 내게 말하되 이 두루마리의 예언의 말씀을 인봉하지 말라 때가 가까우니라"

3) 따라서 요한계시록 22:6-9은 1:1-3과 병행이 되고, 또한 요한계시록 19:9-10과도 병행이 되고 있다. 그러니 요한계시록 22:6-9

은 1:1-3과의 병행을 통해서 요한계시록 전체의 서론과 결론 부분으로 볼 수 있다. 또한 요한계시록 22:6-9은 19:9-10과의 병행을 통해서 거룩한 성 예루살렘에 대한 결론 부분으로 볼 수 있다. 그러므로 요한계시록 22:6-9을 거룩한 성 예루살렘에 대한 결론임과 동시에 요한계시록 전체의 결론의 시작으로 이해할 수 있다.

4) 그래서 요한계시록 22:6-9은 대 단락을 마무리하는 천사의 말로서 요한계시록 21:9-22:5 즉 거룩한 성 예루살렘의 영광에 대한 결론부인 동시에 요한계시록 종결부인 요한계시록 22:10-21에 대한 도입부의 역할을 하는 단락으로 볼 수 있다. 그러니 요한계시록 1장과의 관계에서 요한계시록 22:6-9을 요한계시록 전체의 결론으로 보아, 요한계시록 22:6-21을 대 단락으로 보는 것도 얼마든지 가능하고, 또한 17-22장과의 관계에서 거룩한 성 예루살렘의 결론 부분으로 포함시켜서 요한계시록 21:9-22:9을 대 단락으로 보는 것도 아무런 문제가 되지 않는다. 그러므로 요한계시록 22:6-9은 요한계시록 전체의 결론이며, 거룩한 성 예루살렘의 결론이기도 하다. 이것도 하나님에게서 나온 신적 권위를 가진 진리의 말씀이다. '이 말은 신실하고 참된지라'.

그리고서 천사는 다시 나에게 말했습니다. '때가 가까웠으니 이 책에 기록된 예언의 말씀을 봉하지 말아라.

And he saith unto me, Seal not the sayings of the prophecy of this book: for the time is at hand.

요한계시록 22:10

16

또 내게 말하되

16 또 내게 말하되

성경 : 요한계시록 22 : 10 - 15

> **서론** 요한계시록 22:6-9은 상당히 논란이 많다. 그것은 요한계시록 22:6-9을 요한계시록 전체의 결론 부분으로 볼 것인가? 아니면 거룩한 성 예루살렘의 결론 부분으로 볼 것인가? 하는 문제 때문이다. 하지만 요한계시록 22:6-9은 두 가지의 기능을 하고 있다.

1) 하나는 거룩한 성 예루살렘의 결론적 말씀이다(계 21:9-22:9).

이것은 요한계시록 21:9에서부터 시작된 거룩한 성 예루살렘에 대한 결론적인 말씀이다. 요한계시록 17:1에서부터 시작된 바벨론의 멸망에 대한 환상과 구조적으로 상응하는 양상을 보여주고 있기 때문이다(계 17:1-19:10). 요한계시록 17:3과 21:10의 '성령 안에서'(ἐν πνεύματι)가 속해 있는 요한계시록 17:1-19:10과 21:9-22:9이 철저하게 대조적 병행을 이루고 있기 때문이다. 요한계시록 17:1-3과 21:9-10의 서론 부분이 서로 일치하며, 요한계시록 19:9-10과 22:6-9의 결론 부분이 서로 일치하고 있다.

2) 다른 하나는 요한계시록 전체의 에필로그(Epilogue)이다(계 22:6-21).

이것은 요한계시록 전체의 프롤로그(Prologue)와 병행을 이루고 있기 때문이다(계 1:1-8). 그래서 요한계시록 22:6-9은 요한계시록의 프롤로그(Prologue)와 병행으로서, 에필로그(Epilogue) 부분인 요한계시록 22:10-21을 도입하는 서론적 역할을 하는 것이다. 그러니 요한계시록 22:6-9은 요한계시록 21:1-22:9의 새 하늘과 새 땅, 거룩한 성 예루살렘에 대한 결론적 역할을 하면서 동시에 요한계시록 22:10-21을 도입하여 주는 서론적 역할을 담당하는 특징을 가지고 있다. 이렇게 요한계시록 전체의 결론적인 에필로그(Epilogue) 부분으로 볼 수 있다.

3) 따라서 요한계시록 22:6-9은 두 가지 양면성을 다 가지고 있다.

요한계시록 전체의 결론이며, 또한 거룩한 성 예루살렘에 대한 결론이라는 사실이다. 또한 요한계시록 전체의 에필로그(Epilogue)의 서론적 역할도 한다는 사실이다.

4) 사도 요한은 요한계시록 21:9 이하에서 거룩한 성 예루살렘에 대한 환상을 보고 있다.

먼저 거룩한 성 예루살렘에 대한 환상을 크게 세 가지로 말씀하고 있다. 첫 번째로 어린 양의 신부로서의 성을 본 것을 말씀하고 있다(계 21:9). 두 번째로 성안에서 성전을 보지 못한 것을 말씀하고 있다(계 21:22), 세 번째로 맑은 생명수의 강을 본 것을 말씀하고 있다(계 22:1).

5) 그 다음 거룩한 성 예루살렘에 대해 일곱 천사 중 하나가 환상을 보여줄 뿐 아니라, 말해 주고 있다.

한마디로 사도 요한은 천사가 말해 주는 것을 듣고 있다. 역시 크게 세 가지로 말씀하고 있다. 첫 번째는 거룩한 성 예루살렘의 길이와 너비와 높이가 같은 성의 규모에 대해서 말해 주었다(계 21:15). 두 번째는 "이 말은 신실하고 참된지라"라고 하면서 말씀을 지키는 자가 복이 있다고 했다. 그리고 "나는 너와 함께 된 종이니 나에게 말고 하나님께 경배하라"라고 했다(계 22:6-7). 그런데 이때 "이것들을 보고 들은 자는 나 요한이니"라고 하여 환상과 말이 함께 병합되어 있다(계 22:8).

6) 그리고 요한계시록 22:10에서 '또 내게 말하되…'(Καὶ λέγει μοι)라고 하면서 그가 사도 요한에게 말하고 있다.

분명히 우리말 개역개정에서는 요한계시록 22:6에서 '또 그가 내게 말하기를…"(Καὶ λέγει μοι)이라고 한다. 이어서 요한계시록 22:9에서도 '그가 내게 말하기를…"(καὶλέγειμοι)이라고 한다. 그런데 요한계시록 22:10에서는 '또 내게 말하되…'라고 하면서 우리말 개역개정은 '그가'를 생략하고 있다. 그런데 원문은 '그가'라고 되어있다. 3인칭 단수가 동사와 함께 있다.

7) '그가'는 누구인가? 크게 두 가지 해석이 가능하다.

하나는 요한계시록 22:6-9과의 연속성 측면에서 보면 일곱 천사 중 하나로 볼 수 있다. 다른 하나는 요한계시록 22:12-16과의 연관성에서 보면 예수 그리스도로 볼 수 있다. 이 둘 중 누구로 보든지 별상관이 없다. 왜냐하면 계시의 경로가 하나님-예수 그리스도-천사-요한-그 종들로 이어지기 때문이다.

1. 인봉하지 말라고 한다.

1) 요한계시록 22:10에서 그가 사도 요한에게 이 두루마리의 예언의 말씀을 인봉하지 말라고 한다. 부정 과거 명령형으로 이 예언의 말씀이 결코 닫혀져 있어서는 안 된다는 것이다. 다시 말하면 공개되어야 한다는 것이다. 이러한 명령은 다니엘서에도 나온다. 다니엘 요한계시록 12:4에서 "다니엘아 마지막 때까지 이 말을 간수하고 이 글을 봉함하라"고 했다. 그런데 다니엘에게는 봉함하라고 했다. 아직 종말의 때가 도래하지 않았기 때문이다. 그러나 요한계시록 요한계시록 22:10은 인봉하지 말라고 한다. 이제 종말의 때가 도래하고 하나님의 나라가 임하게 되는 때가 되었다는 것이다.

2) 그러므로 봉함된 것이 이제는 공개되어야 하는 것이다. 이제 그 시점이 된 것이다(계 1:3, 19, 14:13, 19:9, 21:5). 그것은 계시록 요한계시록 5:1과 5:4-5의 말씀과 같이 지금까지 닫혀 있었던 것이 이제 죽임을 당한 어린 양 되신 예수 그리스도의 구속 사역을 통해 열려지게 되었다. 그래서 이제 인봉하지 말라고 한다. 요한계시록

10:4에서는 인봉하고 기록하지 말라고도 했다. 그러나 이제는 인봉하지 말라고 한다.

3) 그럼 왜 인봉하지 말아야 하는가? 그 이유가 무엇인가? 우리말 개역개정에는 원인이나 이유를 나타내는 접속사 '가르'(γὰρ)가 생략되어 있다. 원문은 접속사 '가르'(γὰρ)가 있어 그 이유로 '때가 가까우니라'(ὁ καιρὸς γὰρ ἐγγύς ἐστιν)고 말씀하고 있다. 이것은 계시록 1:3에서 '때가 가까움이라'(ὁ γὰρ καιρὸς ἐγγύς.)는 말씀과 언어적으로 병행을 하고 있다. 여기서 말하는 때는 '크로노스'(χρόνος)가 아니라, '카이로스'(καιρὸς)이다.

4) 요한계시록 1:3의 말씀을 22장에서는 요한계시록 22:7과 10으로 따로 떼어 놓고 있다. 이것은 이미 종말이 시작되었다는 것을 의미할 뿐 아니라, 이제 그 시작된 종말이 성취되고 완성이 될 것을 기대하고 있는 것이다. 이미 예수 그리스도의 초림으로 말미암아 시작된 종말이, 이제 예수 그리스도의 재림으로 말미암아 이루어질 종말의 때가 되었다는 것이다.

5) 이렇게 인봉되지 않고 열려 있는 이 두루마리의 예언의 말씀에 대한 두 가지 반응을 말씀하고 있다. 하나는 부정적인 반응이다. 불의를 행하는 자는 그대로 불의를 행하고, 더러운 자는 그대로 더럽다는 것이다. 이것이 바로 악인의 모습이다. 그러나 다른 하나는 긍정적인 반응이다. 의로운 자는 그대로 의를 행하고, 거룩한 자는 그대로 거룩하다는 것이다. 이것이 바로 의인의 모습이다.

6) 그런데 여기에 아주 특이한 것은 사용된 동사들이 하나같이 3인칭 명령형을 사용하고 있다. 그리고 '그대로'(ἔτι)라는 부사를 계속 사용하고 있다. 그러니까 예언의 말씀이 선포되었음에도 불구하고 불의를 행하는 자는 여전히 불의를 행하게 되고, 더러운 자는 계속해서 더럽게 될 것이라고 한다. 그러나 반대로 의로운 자들은 계속해서 의를 행하게 될 것이고, 거룩한 자들은 계속해서 거룩하게 될 것이다. 그러면서 불의를 행하는 자와 의로운 자가 서로 대조를 이루고, 더러운 자와 거룩한 자가 서로 대조를 이루고 있다. 이것은 바로 사탄에게 속한 자와 하나님께 속한 자의 차이에 의해서 완전히 구별되는 것이다.

2. 행한 대로 갚아 주리라고 한다.

1) 요한계시록 22:6-11까지는 일곱 천사 중 하나가 사도 요한에게 거룩한 성 예루살렘에 대해서 말해 주었다. 그러나 이어지는 요한계시록 22:12-16에서는 예수 그리스도께서 직접 말씀해 주시고 있다.

2) 요한계시록 22:7에서 '보라 내가 속히 오리니'(καὶ Ἰδού, ἔρχομαι ταχύ.)라고 말씀했는데, 이제 다시 요한계시록 22:12을 시작하면서 '보라 내가 속히 오리니'라고 말씀하고 있다. 예수 그리스도의 신속한 재림에 대한 두 번째 선언이다. 예수 그리스도 재림의 임박

성을 더욱 분명하게 말씀하고 있다. 이러한 임박한 예수 그리스도의 재림은 요한계시록 1:3, 2:5, 16, 3:11, 16:15, 22:7, 12, 20 등에서 수차례 나타나고 있다.

3) 그러니까 요한계시록 22:7은 예수 그리스도의 임박한 재림과 관련하여 예언의 말씀을 지키는 자에게 주어질 복을 말씀하고 있다. 그러나 요한계시록 22:12은 예수 그리스도의 임박한 재림과 관련하여 내가 줄 상 즉 보상을 말씀하고 있다. 예수 그리스도께서 다시 오시는 것은 삯을 주기 위해서이다. 그것도 어떻게 주는가? '각 사람에게 그 일한대로 갚아 주기 위해서' 다시 오시는 것이다. 다시 말해서 요한계시록 22:11과 연결해서 불의를 행한 자나 속된 자에게는 심판으로, 의로운 자와 거룩한 자에게는 영적 축복으로 나타나는 것이다. 철저하게 각 사람에게 그의 일한 대로 갚아주는 것이다. 그런데 여기 행한 대로라는 말씀은 행위, 실천, 행동을 의미하지만, 그렇다고 해서 믿음을 배제하는 것이 아니다. 믿음에 근거한 행위를 말씀하고 있다. 믿음도 마찬가지이다. 믿음을 단독으로 말씀한다고 해서 행위를 배제하는 것은 아니다. 믿음과 행위는 동전의 양면과 같이 결코 분리될 수 없는 것이다(약 2:14-26, 요일 3:10).

4) 이렇게 요한계시록 22:12의 말씀이 요한계시록 1:7의 말씀과 연결되어 있다면, 요한계시록 22:13의 말씀은 요한계시록 1:8의 말씀과 연결되어 있다. 요한계시록 1:8에서 '알파와 오메가'는 창조주 하나님의 자기 선언인 반면에, 요한계시록 22:13에서 '알파와 오메가'는 부활 승천하셔서 승리하신 예수 그리스도의 자기 선언

이다(참고 1:17, 2:8, 21:6). 따라서 요한계시록은 전능하신 창조주 하나님의 자기 선언으로 시작하여 구속주 어린 양 예수 그리스도 의 자기 선언으로 마무리되고 있다. 알파와 오메가, 처음과 나중, 시작과 끝으로, 처음 시작하신 분이 마지막에 끝장을 내시는 분이 라는 것이다.

5) 그럼 어떻게 갚아주시는가? 요한계시록 22:14-15에서 성에 들어 갈 권세를 받은 자들과 성 밖에 있는 자들로 구분하고 있다. 그러 면서 우리말 개역개정에는 복이 있다는 말씀이 요한계시록 22:14 중간에 있지만, 원문에는 맨 앞에 있다. 복이 있다는 것이다. 요한 계시록에서 마지막 일곱 번째 복을 말씀하고 있다(계 1:3, 14:13, 16:15, 19:9, 20:6, 22:7, 22:14). 축복의 최종적 선언이다.

6) 누가 복이 있는가? 바로 두루마리를 빠는 자들이다. 요한계시록 7:14에서는 '씻어'라고 하면서 부정 과거형으로 과거의 단회적 사 건을 말씀하고 있다. 그러나 요한계시록 22:14에서는 '빠는'은 현 재 분사형으로 현재의 계속적 의미를 말씀하고 있다. 이렇게 자기 의 옷을 계속 빠는 자들은 생명나무에 나아가며, 문들을 통하여 성 에 들어갈 권세가 주어진다는 점에서 복이 있는 자가 되는 것이다.

7) 그러나 요한계시록 22:15은 우리말 개역개정에서 성 밖에 있으리 라가 맨 끝에 있지만, 원문은 맨 앞에 있다. 그러니까 '성에 들어 갈 권세를 받으려 함이로다'라고 하면서 이어서 '성 밖에 있는 자 들'에 대해서 말씀하고 있다. 요한계시록 22:14이 의인들이 최종

적으로 얻을 복에 대해서 말씀했다면, 요한계시록 22:15은 불의한 자들이 최종적으로 얻을 화에 대해서 말씀하고 있다. 이렇게 요한계시록 22:14과 22:15은 철저하게 대조되고 있다. 요한계시록 22:15은 21:8과 21:27과 밀접하게 연결되어 있다. 그런데 여기 나타나지 않는 분류가 있는데, 바로 '개들'이다. 이들은 요한계시록 22:11과 같이 불의한 자들이며 더러운 자들이다. 불의한 자나 의로운 자나 각 사람이 행한 대로 그대로 갚아주는 것이다.

결론 요한계시록 22:8에서 "이것들을 보고 들은 자는 나 요한이니 내가 듣고 볼 때에…"라고 한다. 사도 요한은 일곱 대접을 가지고 마지막 일곱 재앙을 담은 일곱 천사 중 하나에 의해서 환상을 보고, 말씀을 듣고 있다(계 21:9). '이것들'은 크게 두 가지로 생각할 수 있다. 하나는 직접적으로 거룩한 성 예루살렘이다. 또 다른 하나는 전체적으로 요한계시록의 말씀이다. 어느 것으로 해석하든지 아무런 상관이 없다.

1) 요한계시록 21:9 이하에서 사도 요한에게 일곱 천사 중 하나가 거룩한 성 예루살렘에 대한 환상을 크게 세 가지로 보여주고 있다. 첫째, 어린 양의 아내 곧 신부로서 보여주고 있다(계 21:9). 둘째, 성전의 완성을 보여주고 있다(계 21:22). 셋째 에덴의 완성을 보여주고 있다(계 22:1-2).

2) 또한 사도 요한에게 거룩한 성 예루살렘에 대해 말씀해 주고 있다.

지금까지 크게 세 가지로 말씀하고 있다. 첫째, 성의 규모에 대해서 말씀하고 있다(계 21:15). 둘째, 이 말씀들은 신실하고 참되다고 말씀하고 있다(계 22:6). 셋째, 예언의 말씀을 인봉하지 말라고 말씀하고 있다(계 22:10).

3) 요한계시록 2:10에서 "또 내게 말하되(Καὶ λέγει μοι) 이 두루마리의 예언의 말씀을 인봉하지 말라 때가 가까우니라"고 말씀하고 있다. 지금까지는 분명히 말하는 자인 '그가' 즉 일곱 천사 중 하나가 사도 요한에게 말했다(계 22:6, 9, 참고, 19:9-10). 그러나 요한계시록 22:10에서 우리말 개역개정은 주어를 생략하고 있다. 왜 우리말 개역개정은 생략하고 있는가? 분명히 원문은 '또 그가 내게 말하되…'(Καὶ λέγει μοι)라고 되어 있다. 요한계시록 22:6과 22:9과 철자 하나도 틀리지 않고 똑같다. 아마도 그 이유는 지금까지 '그가'와 다른 의도를 가지고 있기 때문일 것이다.

4) 그래서 여기 '그가'를 크게 두 가지로 생각할 수 있다. 하나는 지금까지 생각한 대로 일곱 천사 중 하나라고 여전히 생각할 수 있다. 그러나 또 다른 생각은 요한계시록 22:12 이하에 나오는 어린 양 예수 그리스도라고 생각할 수 있다. 물론 요한계시록 22:6-11을 일곱 천사가 사도 요한에게 거룩한 성 예루살렘, 새 하늘과 새 땅을 보여주었던 끝맺는 말로 생각할 수 있다. 그리고 이어서 요한계시록 22:12-16을 어린 양 되신 예수 그리스도께서 끝맺는 말로 나누어 생각할 수 있다. 그래서 둘 중 어느 것으로 보든지 별 상관이 없다고 생각한다. 왜냐하면 계시의 경로가 하나님-예수 그리

스도-천사-요한-그 종들로 이어지기 때문이다. 요한계시록 22:7 에서 '보라 내가 속히 오리니'(καὶ ᾽Ιδού, ἔρχομαι ταχύ)라고 했던 말씀을 이제 요한계시록 22:12에서도 '보라 내가 속히 오리니'(ἰδού, ἔρχομαι ταχυ)라고 하면서 예수 그리스도께서 직접 말씀하시고 있기 때문이다. 일곱 천사 중의 하나나, 예수 그리스도나 모두 동일한 말씀을 하고 있기 때문이다.

5) 요한계시록 22:10에서 '또 내게 말하되'라고 하면서 크게 두 가지로 말씀하고 있다. 하나는 인봉하지 말라고 말씀하고 있다. 왜냐하면 때가 가깝기 때문이다(계 1:3, 22:6, 참고, 단 12:9). 어린 양되신 예수 그리스도의 오심으로 말미암아 창세 전부터 감추어졌던 하나님의 비밀이 드러났기 때문이다(롬 16:25-26, 골 2:2). 다른 하나는 행한 대로 갚아 주리라고 말씀하고 있다. 왜냐하면 각자의 행한 그대로 심판과 보상이 있기 때문이다. 심판과 보상의 기준은 각 사람이 행한 대로이다(롬 2:6, 14:12, 마 16:27, 계 2:23, 20:12 등). 단지 영생과 영원 형벌의 구분만 있는 것이 아니라, 구원받은 자들 사이에도 보상이 많고 적음의 구별이 있다(마 5:12, 10:41-42, 고전 3:8, 14-15, 고후 5:10, 롬 14:10-12 등).

나 예수는 온 교회에 이 모든 것을 증거하게 하려고 나의 천사를 너희에게 보냈
다. 나는 다윗의 뿌리이고 자손이며 빛나는 샛별이다.
I Jesus have sent mine angel to testify unto you these things in the churches. I
am the root and the offspring of David, and the bright and morning star.
요한계시록 22:16

17

나 예수는, 성령과 신부가

나 예수는, 성령과 신부가

성경 : 요한계시록 22 : 16 – 17

서론 요한계시록 22:6-9은 요한계시록 전체의 결론일 뿐만 아니라, 새 예루살렘의 결론이다. 또한 요한계시록 22:6-9은 요한계시록 전체의 에필로그(Epilogue)의 도입부 역할을 하는 것이다(계 22:6-21). 왜냐하면 이것은 요한계시록 전체의 프롤로그(Prologue)와 병행을 이루고 있기 때문이다(계 1:1-8). 그러니까 요한계시록 22:6-9은 요한계시록 21:1-22:9의 새 하늘과 새 땅, 거룩한 성 예루살렘에 대한 결론적 역할을 함과 동시에 요한계시록 22:10-21의 요한계시록 전체의 에필로그(Epilogue)를 도입하여 주는 서론적 역할을 담당하는 특징을 가지고 있다. 따라서 요한계시록 22:6-9은 두 가지 양면성을 다 가지고 있다.

---

1) 이렇게 요한계시록 21:9-22:9의 거룩한 성 예루살렘에 대한 결론적인 말씀으로 사도 요한은 22:8의 말씀과 같이 '이것들을 보고 들은 자는 나 요한이니…'라고 말씀하고 있다. 사도 요한은 일곱 천사 중 하나를 통해서 거룩한 성 예루살렘에 대해 보고 듣고 있다.

2) 먼저 거룩한 성 예루살렘에 대한 환상을 크게 세 가지로 보여주고 있다.

첫째, 어린 양의 신부로서의 예루살렘 성을 보여주었다(계 21:9). 둘째, 성안에 성전이 없는 것을 보여주었다(계 21:22). 셋째, 맑은 생명수의 강을 보여주었다(계 22:1).

3) 그 다음 거룩한 성 예루살렘에 대해 일곱 천사 중 하나가 환상을 보여줄 뿐 아니라, 말을 해주고 있다.

거룩한 성 예루살렘에 대해 말해주는 것 역시 크게 세 가지로 말씀하고 있다. 첫 번째는 거룩한 성 예루살렘의 길이와 너비와 높이가 같은 성의 규모에 대해서 말해 주었다(계 21:15). 두 번째는 "이 말은 신실하고 참된지라"라고 하면서 말씀을 지키는 자가 복이 있다고 했다. 그리고 "나는 너와 함께 된 종이니 나에게 말고 하나님께 경배하라"라고 했다(계 22:6-7). 그런데 이때 "이것들을 보고 들은 자는 나 요한이니"라고 하여 환상과 말이 함께 병합되어 있다(계 22:8). 그리고 세 번째는 인봉하지 말라, 그대로 거룩하라고 한다. 그가 행한 대로 갚아 주리라고 한다.

4) 우리말 개역개정은 요한계시록 22:6에서 '또 그가 내게 말하기를…'(Καὶ λέγει μοι)이라고 한다. 이어서 요한계시록 22:9에서도 '그가 내게 말하기를…"(καὶ λέγει μοι)이라고 한다. 그런데 요한계시록 22:10에서는 '또 내게 말하되…'(Καὶ λέγει μοι)라고 하면서 '그가'를 생략하고 있다. 그런데 원문에는 '그가'라고 되어있다. 3인칭 단수가 동사와 함께 있다.

5) 그러면 여기 '그가'는 누구인가?

우리말 개역개정에서는 명시적으로 밝히지 않고 있다. 그래서 크게 두 가지로 해석이 가능하다. 하나는 요한계시록 22:6-9과의 연속성 측면에서 보면 일곱 천사 중 하나로 볼 수 있다. 요한계시록 21:9이 하에서 계속 하여 말하고 있는 천사로 볼 수 있다. 사도 요한이 엎드려 경배하려고 했던 그 천사이다. 사도 요한에게 오직 하나님께 경배하라고 말했던 그 천사이다(계 22:8-9). 요한계시록 1:1-3의 연속성 측면에서 동일한 천사로 볼 수 있다.

6) 그러나 또 다른 하나는 요한계시록 22:12-16과의 연관성에서 예수 그리스도로 볼 수 있다.

지금까지 일곱 천사 중 하나가 사도 요한에게 말을 했다면, 이제 부터는 예수 그리스도께서 사도 요한에게 말씀하시고 있다. 지금까지 거룩한 성 예루살렘에 대하여 일곱 천사 중 하나가 한 말은 끝을 맺고(계 22:6-9), 요한계시록 22:10-16에서는 이제 재림하시어 대종말사건의 결정적 기점이 될 예수 그리스도가 끝맺는 말을 하고 있기 때문이다. 그리고 요한계시록 22:17에서는 성령과 신부 즉 교회가 끝맺는 말을 하고있고, 이어서 요한계시록 22:18-19에서는 사도 요한이 끝맺는 말을 하고 있다. 이어 요한계시록 22:20-21에서 서신을 종결하고 있는 것으로도 볼 수 있다. 이렇게 문맥적으로 요한계시록 22:10부터 하나의 문단으로 보면 예수 그리스도로도 볼 수 있다.

7) 이 둘 중 누구로 보든지 별 상관이 없다.

왜냐하면 계시의 경로가 하나님-예수 그리스도-천사-요한-그 종들로 이어지기 때문이다. 이렇게 그가(계 22:10) – 내가(계 22:12) – 그리고 이제 '나 예수'와 '성령과 신부'가 계속해서 세 번째와 네 번째 말씀을 하고 있다. 이것을 크게 하나로 보면 세 번째 말씀을 하고 있다.

1. 나 예수는 다윗의 뿌리요 자손이라고 한다.

1) 요한계시록 22:16에서 '나'로 번역된 '에고'(Ἐγὼ)는 주격 1인칭 대명사이다. 지금까지 요한계시록 22:12 이하에서는 계속해서 '내가', '내게', '나는'이라고 하면서 자신의 이름을 밝히지 않았다. 주격 인칭대명사로 자신을 강조했다. 그런데 드디어 요한계시록 22:16에서는 '나 예수'라고 하면서 '나'는 다른 분이 아닌 바로 예수님이라고 분명히 밝히고 있다.

2) 요한계시록 1:9에서 '나 요한은 너희 형제요, 예수의 환란과 나라와 참음에 동참하는 자라…'라고 말씀했다. 또 요한계시록 22:8에서 '이것들을 보고 들은 자는 나 요한이니…'라고 했다. 그런데 이제 '나 예수는'이라고 한다. 지금까지 주로 요한계시록 22:13에서 '나는 알파와 오메가요 처음과 마지막이요 시작과 마침'이라고 했다. 단 한 번도 '나 예수'라는 말씀을 하시지 않았다. 그런데 드디어 요한계시록 22:16에서 '나 예수는'이라고 하면서 말씀하시는

분이 예수님이라는 사실을 밝히고 있다. 사도 요한이나, 일곱 천사 중 하나가 아니라, 바로 예수님 자신임을 강조하고 있다.

3) 요한계시록 1:1을 시작하면서 '예수 그리스도의 계시라'라고 하면서 계시를 말하시는 분이 예수님이고, 예수님이 그리스도라는 사실을 분명히 밝히고 있다. 예수 그리스도께서 계시를 말씀하시고, 계시가 예수 그리스도임을 말씀하고 있다. 그러면서 다시 한 번 계시의 경로를 말씀하고 있다. '나 예수는 교회를 위하여 내 사자를 보내어 이것들을 너희에게 증언하게 하였노라'고 한다. 예수-천사-교회로 이어지고 있다.

4) 요한계시록 1:1에서 계시의 경로는 하나님-예수 그리스도-천사-요한-그 종들로 이어지고 있다. 요한계시록 22:6에서 계시의 경로는 하나님-천사-그 종들로 이어지고 있다. 그러면서 예수 그리스도와 요한을 생략하고 있다. 그러나 요한계시록 22:16은 예수-나의 천사-너희로 이어지고 있다.

5) 그러면서 누가 누구를 통해서 증거하게 하셨는가? 그것은 나 예수가 바로 '내 사자'를 통해서 증거하게 하였다. 내 사자 즉 '나의 천사'(τὸν ἄγγελόν μου)라고 하면서, 천사가 예수 그리스도의 소유임을 분명하게 하고 있다(계 22:9).

6) 또한 무엇을 증거하게 하셨는가? '이것들'(ταῦτα)이라고 한다. 이것들은 요한계시록 22:8을 통해 일차적으로 거룩한 성 예루살렘이라고 생각할 수 있다. 또 조금 더 확대하면 바벨론이라고 생각할

수 있다. 또한 문맥적으로 보면 이것들은 요한계시록 22:6의 진리
가 되는 말씀이다. '이 두루마리의 예언의 말씀'이다(계 22:7, 10).
그러나 하나 더 생각할 수 있다. 그것은 바로 요한계시록 22:7과
22:12의 예수 그리스도의 재림이다. 그러니까 예수 그리스도의 재
림으로 말미암아 바벨론의 심판과 거룩한 성 예루살렘의 축복에
대한 예언의 말씀, 더 확대해서는 요한계시록에 기록된 예언의 말
씀을 교회를 위하여 증거하게 하셨다.

7) 그리고 누구를 위해서 증거하게 하셨는가? 예수 그리스도께서 나
의 천사를 통해 '너희'에게 증거하게 하셨다고 한다. 예수 그리스
도께서 자신의 천사를 보내신 것은 바로 너희에게 증거하기 위해
서이다. 바로 '너희' 즉 '교회를 위하여' 증거하게 하셨다는 것이다.
예수 그리스도께서 자신의 천사를 통하여 증거하게 하신 것은 분명
히 '교회를 위하여' 하신 일이라는 것이다. 이와 같은 사실은 요한
계시록 2-3장의 아시아 일곱 교회에 보내는 말씀을 상기시키고 있
다. 물론 2-3장에 기록된 일곱 교회만을 대상으로 한 것이 아니라,
오고 오는 모든 세대에 속한 모든 교회에게 증거하신 말씀이다.

8) 그러면서 다시 한 번 이것들을 증거하게 하셨는데, 그 증거의 내용
이 무엇인지를 말씀하고 있다. 바로 '나 예수' 즉 예수 그리스도의
자신의 정체와 신분을 밝히고 있다. '에고 에이미'(ἐγώ εἰμι)를 통해
서 출애굽기 3:14의 구약의 하나님이 바로 예수 그리스도 자신이
라는 사실을 밝히고 있다. 스스로 있는 자, 여호와가 바로 예수 그
리스도라는 사실을 밝히면서 '나는 다윗의 뿌리요 자손'이라고 한

다(사 11:1, 계 5:5). 또한 광명한 새벽 별이라고 한다(민 24:17, 계 2:28). 광명한 새벽 별이신 예수 그리스도께서 어둠을 물리치시고 승리자가 되실 것이다.

2. 성령과 신부가 생명수를 받으라고 한다.

1) 요한계시록 22:17에서 '성령과 신부가 말씀하시길…'이라고 한다. 지금까지 예수 그리스도께서 말씀하신 선언에 대해 성령과 신부가 화답을 하고 있다. 그 화답을 하는 주체가 바로 '성령과 신부'라고 한다.

2) 여기 성령은 '토 프뉴마'(τὸ πνεῦμα)로 단수형이다. 이것은 22:6에서 '선지자들의 영의 하나님'(καὶ ὁ κύριος ὁ θεὸς τῶν πνευμάτων τῶν προφητῶν)라고 할 때의 '영들의 하나님' 즉 복수인 '톤 프뉴마 톤'(τῶν πνευμάτων)과 구별이 되고 있다. 요한계시록 22:6에서는 선지자들의 영들을 가리키고 있지만, 요한계시록 22:17에서는 하나님의 영 곧 성령을 가리키고 있다. 사도 요한은 복수형으로 인간의 영을 나타내고, 단수형으로 하나님의 영을 나타내기 때문이다(계 1:10, 4:2, 17:3, 21:10).

3) 그리고 여기 '신부'는 요한계시록 21:2에서 하늘에서 내려오는 거룩한 새 예루살렘이라 했고, 요한계시록 21:9-10에서는 어린 양의 아내이며 하늘에서 내려오는 거룩한 성 예루살렘이라고 했다.

교회에 대한 상징이다. 예수 그리스도의 선언에 대한 화답의 주체가 성령과 신부 즉 성령과 교회이다.

4) 성령과 교회가 화답하는 내용이 무엇인가? '오라'(ἔρχου)고 한다. 2인칭 단수 현재 명령이다. 그것도 요한계시록 22:17에서만 두 번 반복하면서 강조하고 있다. 성령의 영감을 받은 교회가 세상을 향해서 '오라'고 한다. 그것도 '네가 오라'는 것이다. 그리고 한번은 '올 것이요'(ἐρχέσθω)라고 하며 3인칭 현재 명령형으로 '그가 올 것이요'라고 한다. 이것 역시 세상을 향한 교회의 계속되는 복음 증거를 말씀하고 있다.

5) 세 번에 걸쳐 오라는 권면을 말씀하고 있다. 첫 번째 오라는 말씀은 요한계시록 22:7, 10, 12, 20에서 예수님께서 '오신다'고 약속하신 것에 대한 응답으로 성령과 신부가 '오라'고 한다. 교회는 예수님을 향해서 '오라' 즉 '오소서'라고 부르짖는 것이다. 두 번째 오라는 말씀은 듣는 자를 향하여 하는 말이다. 요한계시록을 듣는 교회 전체를 향하여 예수님이 다시 오신다는 약속에 대해 예수님을 향하여 마땅히 '오라' 즉 '오십시오'라고 말해야 한다고 명령하고 있다. 복음에 대한 초청이다. 세 번째 오라는 요청은 예수님께서 재림하시기 전에 사는 사람들을 향하여 구원에 참여하라는 요청으로 이해할 수 있다. 그리스도 안에 있는 구원의 복에 목말라 하는 사람이 있다면, 생명수를 받으라는 초청에 귀를 기울이라는 것이다. 목마른 자에게 오라는 초청이 주어졌다(사 55:1). 그런 사람들에게는 값없이 생명수가 주어질 것이다. 결국 목마른 자들이

온다면 값없이 생명수를 얻게 되는 것이다.

6) 그럼 와야 할 자가 누구인가? 너희이다. 너희는 누구인가? 첫째, 듣는 자이다. 둘째, 목마른 자이다. 셋째, 원하는 자이다. 21:6에서는 알파와 오메가가 되시고 처음과 마지막이 되시는 예수 그리스도께서 생명수 샘물을 목마른 자에게 값없이 주시겠다고 하셨다. 예수 그리스도께서 직접 말씀하셨다. 그러나 요한계시록 22:17에서는 성령의 감동을 입은 교회가 말씀하고 있다. 그러면서 목마른 자가 아니라, 원하는 자는 값없이 생명수를 받으라고 한다. 예수 그리스도의 말씀과 성령을 통한 교회의 선포가 정확하게 일치하고 있다.

결론 우리말 개역개정에서는 요한계시록 22:6에서 '또 그가 내게 말하기를…"(Καὶ λέγει μοι)이라고 한다. 이어서 요한계시록 22:9에서도 '그가 내게 말하기를…'(καὶ λέγει μοι)이라고 한다. 그런데 요한계시록 22:10에서는 '또 내게 말하되…'(Καὶ λέγει μοι)라고 하면서 우리말 개역개정은 '그가'를 생략하고 있다.

1) 그렇다면 여기 '그가'는 누구인가? 지금까지 분명히 말하는 자, 일곱 천사 중 하나가 사도 요한에게 말했다. 따라서 여전히 일곱 천사 중 하나로 생각할 수 있다.

2) 그러나 지금까지와 달리 어린 양 예수 그리스도라고 새롭게 생각할 수 있다. 그것은 바로 요한계시록 22:12 이하에 나오는 어린 양

예수 그리스도라고 생각할 수 있기 때문이다.

3) 만약 '그가'를 예수 그리스도로 생각하면 요한계시록 22:6-9까지
   는 일곱 천사 중 하나가 사도 요한에게 말씀하고, 이어서 요한계시
   록 22:10-16 혹은 22:17를 포함해서 예수 그리스도께서 사도 요
   한에게 말씀하시고 있는 것이다(계 22:12,13).

4) 그런데 이제 요한계시록 22:16에서 아주 노골적으로 '나 예수
   는…'이라고 한다. 그러면서 또 한 번 요한계시록 22:16에서 '…나
   는 다윗의 뿌리요 자손이니 곧 광명한 새벽별이라 하시더라'라고
   한다. 이렇게 나 예수가 증언하게 하셨다(계 22:8).

5) 이어서 요한계시록 22:17에서 '성령과 신부가 말씀하시기를…'이
   라고 하면서 네 번째 사도 요한에게 말씀하고 있다. 성령을 통해서
   신부인 교회가 말씀하고 있다. 성령과 신부가 '오라'고 응답하고,
   초청하고 있다. 어서 오라고 하면서 듣는 자와 목마른 자와 원하는
   자들이 와서 값없이 생명수를 받으라고 한다.

나는 이 책에 쓰인 예언의 말씀을 듣는 모든 사람에게 경고합니다. 누구든지 이
예언의 말씀에 무엇을 더하면 하나님이 이 책에 기록된 재앙을 더하실 것입니다.
For I testify unto every man that heareth the words of the prophecy of this
book, If any man shall add unto these things, God shall add unto him the
plagues that are written in this book:
요한계시록 22:18

18

내가…증언하노니

18

내가…증언하노니

서론 요한계시록은 프롤로그(Prologue) 즉 서두를 가지고 있다. 요한계시록 1:1-8이다. 그리고 요한계시록은 에필로그(Epilogue) 즉 결말을 가지고 있다. 요한계시록 22:6-21이다. 혹은 요한계시록 22:10-21이다. 프롤로그 즉 서두에 대해서는 별 의견이 없다. 그러나 에필로그 즉 결말에 대해서는 논란이 있다.

1) 요한계시록 22:6에서 시작하느냐, 요한계시록 22:10에서 시작하느냐로 서로 의견이 나누어지고 있다.

문제의 핵심은 요한계시록 22:6-9을 어떻게 보느냐이다. 요한계시록 22:6-9을 요한계시록의 전체의 결론 부분으로 볼 것이냐, 아니면 거룩한 성 예루살렘의 결론 부분으로 볼 것인가? 하는 문제로 직결되는 것이다.

2) 요한계시록 22:6-9은 두 가지 기능을 한다.

하나는 거룩한 성 예루살렘의 결론적 말씀이다. 또 다른 하나는 요한계시록 전체의 결론적 말씀이라고 했다. 따라서 요한계시록

22:6-9은 두 가지 양면성을 다 가지고 있다. 요한계시록 전체의 결론이며, 또한 거룩한 성 예루살렘에 대한 결론이라고 할 수 있다.

3) 그리고 또 하나 요한계시록 22:10의 '또 내게 말하되…'(Καὶ λέγει μοι)라는 말씀을 어떻게 볼 것이냐는 문제도 대단히 중요하다.

분명히 우리말 개역개정에서는 요한계시록 22:6에서 '또 그가 내게 말하기를…'(Καὶ λέγει μοι)이라고 한다. 이어서 요한계시록 22:9에서도 '그가 내게 말하기를…'(καὶ λέγει μοι)이라고 한다. 그런데 요한계시록 22:10에서는 '또 내게 말하되…'라고 하면서 우리말 개역개정은 '그가'를 생략하고 있다. 그런데 원문은 '그가'라고 되어있다. 3인칭 단수가 동사와 함께 있다.

4) 그럼 여기 '그가'는 누구인가?

우리말 개역개정에서는 명시적으로 밝히지 않고 있다. 이것은 크게 두 가지로 해석이 가능하다. 하나는 요한계시록 22:6-9과의 연속성 측면에서 보아 일곱 천사 중 하나로 볼 수 있다. 또 다른 하나는 요한계시록 22:12-16과의 연관성으로 보아 예수 그리스도로 볼 수 있다.

5) 따라서 요한계시록 22:10의 '그가'를 천사로 보느냐 아니면 예수 그리스도로 보느냐에 따라 요한계시록의 결론 부분을 요한계시록 22:6-21로 생각할 것이냐, 아니면 요한계시록 22:10-21로

생각할 것이냐가 결정될 것이다.

이 둘 중 어느 하나로 보든지 별 상관이 없다. 왜냐하면 계시의 경로가 하나님-예수 그리스도-천사-요한-그 종들로 이어지기 때문이다.

6) 요한계시록 2:16에서 '나 예수'는 이라고 하면서 '이것들을 너희에게 증언하게 하였노라'라고 한다.

예수 그리스도께서 이것들을 교회들을 위하여 그분의 사자를 보내어 증언하게 하셨다는 것이다. 그리고 이어서 요한계시록 22:17에서 '성령과 신부가 말씀하시기를…'라고 네 번째 성령이 교회를 통해서 말씀했다. '오십시오'라고 화답하면서 '오라'고 초청하고 있다는 것이다. 그리고 요한계시록 22:18에서 '내가…증언하노니'라고 한다.

1. 예언의 말씀을 듣는 모든 사람에게 증언한다. 더하면 더하실 것이라고 한다.

1) 요한계시록 1:1에서 계시의 경로는 하나님-예수 그리스도-천사-요한-그 종들로 이어지고 있다. 요한계시록 22:6에서 계시의 경로는 하나님-천사-그의 종들로 이어지고 있다. 요한계시록 22:16에서 계시의 경로는 예수 그리스도-천사-너희 즉 교회로 이어지고 있다. 요한계시록 22:16을 요한계시록 1:1과 비교하면 하나님과

요한을 생략하고 있다. 그러니까 지금까지 요한계시록 22:6 이하에서 일곱 천사 중 하나가 사도 요한에게 말했다. 그리고 예수 그리스도와 성령과 신부가 말했다.

2) 이제 요한계시록 22:18에서 '내가 증언하노니'(Μαρτυρῶ ἐγὼ)라고 하면서 '에고'를 넣어서 강조하고 있다. 여기 '내가'는 누구인가? 이것 역시 쉽지 않다. 사도 요한인가? 아니면 예수 그리스도인가?

3) 먼저 요한계시록 22:18의 '내가 증언한다'에서 내가는 요한계시록 22:16의 '나 예수는…내 사자를 보내어 증언하게 하였노라'라는 문구와 병행을 이루고 있다. 이러한 병행적 관계에서 특별히 주목할 만한 것은 '나'라는 주어가 동일하게 강조되고 있는 것이다. 요한계시록 22:16에서 '나'는 예수 그리스도이다. 따라서 예수 그리스도와 동격으로 사용되어 요한계시록 22:18의 '나'는 예수 그리스도로 간주될 수 있다. 그러나 요한계시록 22:18의 화자가 사도 요한이라고도 할 수 있다. 요한계시록 22:20이 속히 오신다는 예수 그리스도에 의해 주어진 확신이라면 요한계시록 22:18은 요한계시록의 말씀을 듣는 모든 사람에 대한 사도 요한의 증언이라고 할 수 있다. 따라서 문맥상 '내가'는 사도 요한이라는 사실을 알 수 있다(계1:2).

4) 요한계시록 22:18에서 '이것들'의 내용은 '이 두루마리의 예언의 말씀'이다(계 22:7, 9, 10, 22:6, 8, 16). 이 말씀은 결국 요한계시록 1:3의 '이 예언의 말씀'과 연결되어 있다. 요한계시록을 시작하면서 1:1에서 '예수 그리스도의 계시라…'라고 하고, 요한계시록 1:2

에서 "요한은 하나님의 말씀과 예수 그리스도의 증거 곧 자기가 본 것을 다 증언하였느니라"고 한다. 요한계시록 1:9에서는 '하나님의 말씀과 예수를 증언하였음으로'라고 말씀하고 있다. 한마디로 요한계시록이다. 좀 더 범위를 넓히면 하나님의 말씀이다. 요한이 상상해서 만든 산물이 아니라, 하나님으로부터 계시된 거룩한 말씀이다.

5) 이제 누구에게 증언하고 있는가? '…듣는 모든 사람에게…'(παντὶ τῷ ἀκούοντι)라고 한다. 그냥 듣는 자가 아니라, 관사가 기록되어 있어 그 듣는 모든 사람이다. 그냥 모든 사람이 아니다. 보편적 성격을 말씀하시는 것이 아니다. 지금 현재 계속 듣고 있는 모든 사람을 한정해서 말씀하고 있다. 이 사람들은 요한계시록 22:17에서는 '듣는 자, 목마른 자, 원하는 자'이다. 요한계시록 22:16에서는 '이것들을 너희에게 증언하게 하였노라'라는 말씀에서 너희이다. 1장과 연결해서 생각하면 요한계시록 1:4의 '요한은 아시아에 있는 일곱 교회에 편지하노니…'라는 말씀과, 요한계시록 1:11의 "이르되 네가 보는 것을 두루마리에 써서 에베소, 서머나, 버가모, 두아디라, 사데, 빌라델비아, 라오디게아 등 일곱 교회에 보내라 하시기로"라는 말씀과 이어서 바로 나오는 요한계시록 2-3장에 나오는 일곱 교회이다. 그래서 요한계시록 1:3과 연결해서 '읽는 자와 듣는 자들과 그 가운데 기록한 것을 지키는 자들'이다. 이 예언의 말씀을 듣는 각인에 대해서 증언하고 있다.

6) 그러면서 요한계시록 22:18에서 만일 누구든지 이것들 외에 더하

면 하나님이 이 두루마리에 기록된 재앙을 그에게 더하실 것이라고 한다. 누가 그렇게 하시는가? 하나님이 그렇게 하신다. 심각한 재앙의 저주 즉 심판을 하신다는 것이다. 이것은 하나님의 계시의 말씀을 인정하지 않는 자들에게 지극히 당연한 결과이다(신 12:32, 잠 30:6, 렘 26:2, 마 5:18). 절대로 내용을 첨가할 수 없다.

2. 예언의 말씀을 제하여 버린 자에게 증언한다. 버리면 버리실 것이라고 한다.

1) 요한계시록 22:18의 말씀이 요한계시록에 대한 내용 첨가를 경고하는 말씀이라고 하면, 요한계시록 22:19의 말씀은 요한계시록에 대한 내용 삭제를 경고하는 말씀이라고 할 수 있다.

2) 요한계시록 22:18과 22:19을 '카이'(και)로 연결시키면서, 역시 '만일'이라는 상상이나, 소원, 가능성이나 불확실성을 나타내는 종속 접속사로 말씀하고 있다. 요한계시록 22:18과 동일하게 가정법을 이끌고 있다. 요한계시록 22:18에서 '누구든지 이것들 외에'라고 했지만, 이제 다시 요한계시록 22:19에서 '누구든지 이 두루마리의 예언의 말씀'이라고 하면서 '이것들'이 이 두루마리의 예언의 말씀이라고 하는 것이다. 그러면서 특별히 '제하여 버리면'이라고 한다. 잘라 버리는 것이다. 내용의 삭제를 말하고 있다. 빼버리는 것을 말하고 있다.

3) 그러면서 요한계시록 22:18과 같이 22:19에서 분명하게 '하나님'이라고 한다. 하나님이 제하여 버리실 것이라고 말씀하고 있다. 그 것도 미래적으로 말씀하고 있다. 이러한 미래적 표현은 반드시 그렇게 하신다는 의지적 표현이다. 말씀을 제하여 버리면 하나님도 제하여 버리신다는 것이다.

4) 무엇을 제하여 버리신다고 하는가? 두 가지를 말씀하고 있다. 하나는 '이 두루마리에 기록된 생명나무'라고 한다(계 22:14, 1) 표준 원문에서는 생명나무가 아니라, 생명책이다(계 21:27, 20:15). 어떤 견해를 취해도 전체적인 의미는 큰 차이가 없다. 다른 하나는 '거룩한 성에 참여함'이라고 한다(계 22:14, 21:23, 21:10, 21:2). 거룩한 성 예루살렘에 참여함이 배제된다는 것이다. 하나님 나라의 완성, 새 창조의 완성, 에덴의 회복뿐만 아니라, 에덴의 완성으로 주어지는 종말론적 축복을 받을 수 없다는 매우 엄중한 경고의 말씀이다. 하나님의 말씀의 완전성과 절대성과 무오성을 말씀하고 있다.

결론 일곱 천사 중 하나가 사도 요한에게 말씀하고 있다(계 22:6, 9). 예수 그리스도께서 사도 요한에게 말씀하고 있다(계 22:10, 16). 성령과 신부가 말씀하고 있다(계 22:17). 요한계시록 22:18에서 '그가' 누구인가? 새 주체로 사도 요한이라고 생각하면 사도 요한이 모든 사람에게 말씀하고 있다.

1) 이것을 다시 말씀하시는 주체와 말씀을 듣는 객체로 나누어 보면, 요한계시록 22:6-15까지는 일곱 천사 중 하나와 예수 그리스도께서 사도 요한에게 말씀하고 있다. 사도 요한 개인에게 말씀하고 있다. 그러나 요한계시록 22:16-19까지는 나 예수와 성령과 신부와 사도 요한이 일곱 교회와 그 이후 보편적이고, 우주적인 교회에게 말씀하고 있다. 공동체에게 말씀하고 있는 것으로 생각할 수 있다. 그래서 우리말 개역개정에는 단락을 나누는 ○표시를 많이 해놓았다. 주체로 볼 것이냐, 객체로 볼 것이냐에 따라서 서로 다르게 볼 수 있기 때문이다.

2) 특별히 요한계시록 22:16에서는 '나 예수'께서 교회들을 위하여 천사를 보내어 증언하게 하셨다. 계시의 경로가 예수 – 천사 – 교회로 되어 있다. 그리고 요한계시록 22:17에서는 성령과 신부가 예수 그리스도께 '오십시오'라고 한다. '보라 내가 속히 오리니'라는 말씀에 대한 화답으로 '어서 오십시오'라고 한다. 그리고 듣는 자, 목마른 자, 원하는 자를 초청하고 있다. 와서 값없이 생명수를 받으라고 한다. 내가 생명수 샘물을 목마른 자에게 값없이 주리니 와서 생명수를 받으라는 것이다(계 21:6).

3) 그래서 우리말 개역개정은 요한계시록 22:16과 22:17에 계속 ○표시를 해서 서로 단락을 분리하고 있다. 그것은 나 예수와 성령과 신부가 사도 요한에게 말씀하시는 것이 아니라, 일곱 교회 즉 더 나아가서 보편적이고, 우주적으로 교회 즉 공동체에게 '오라'고 초청하고 있다는 것이다.

4) 그리고 나서 요한계시록 22:18-19에서는 이제 사도 요한이 '내가…증언하노니'라고 하면서 하나님의 마지막 저주를 말씀하고 있다. 그것도 아주 강력한 경고의 말씀을 하고 있다. 그러니까 일곱 천사 중 하나, 예수 그리스도, 성령과 신부가 말씀했다가 이제는 사도 요한이 직접 증거하고 있다. '내가…증언하노니'라고 한다.

5) 그러면서 사도 요한은 크게 두 가지를 말씀하고 있다. 하나는 예언의 말씀을 더하면 하나님이 그 두루마리에 기록된 재앙들을 그에게 더하실 것이라는 것이다. 다른 하나는 예언의 말씀을 제하면 하나님이 이 두루마리에 기록된 생명나무와 거룩한 성에 참여 함을 제하여 버리실 것이라는 것이다. 그러니까 한마디로 요한계시록 더 나아가서 하나님의 말씀을 가감하는 것은 가장 무서운 범죄가 되는 것이다. 요한계시록 즉 하나님의 말씀을 임의대로 변경하는 행위야말로 하나님의 권위에 대한 도전이자 인류 전체의 구원을 훼손하는 행위이기 때문에 이보다 더 중한 범죄는 없는 것이다. 그래서 사도 요한은 하나님의 말씀을 더하거나 감하는 자에게 아주 강력한 경고의 말씀을 하고 있다.

6) 예언의 말씀을 전한 예레미야 선지자도 예레미야 26:2에 보면 "여호와께서 이와 같이 말씀하시니라 너는 여호와의 성전 뜰에 서서 유다 모든 성읍에서 여호와의 성전에 와서 예배하는 자에게 내가 네게 명령하여 이르게 한 모든 말을 전하되 한마디도 감하지 말라"고 했다. 또한 모세가 기록한 신명기 4:2에서 보면 "내가 너희에게 명령하는 말을 너희는 가감하지 말고 내가 너희에게 내리는

너희 하나님 여호와의 명령을 지키라"고 했다. 요한계시록 22:18-19에서 사도 요한은 요한계시록 즉 하나님의 말씀의 완전성과 절대성, 무오성, 하나님의 말씀의 신적기원과 권위를 아주 강하게 말씀하고 있다. 그것도 이러한 기원과 권위에 도전을 하면 하나님께서 철저하게 심판하신다는 것이다. 저주의 경고를 말씀하고 있다.

이 모든 것을 증거하신 분이 말씀하십니다. '내가 속히 가겠다.' 아멘. 주 예수님, 어서 오십시오.

He which testifieth these things saith, Surely I come quickly. Amen. Even so, come, Lord Jesus.

요한계시록 22:20

19

이것들을 증언하신 이가

성경의 종막

19 이것들을 증언하신 이가

성경 : 요한계시록 22 : 20 - 21

> **서론** 요한계시록은 에필로그(Epilogue) 즉 결말을 가지고 있
> 다. 요한계시록 22:6-21이다. 혹은 22:10-21이다. 이렇
> 게 에필로그 즉 결말에 대해서 서로 논란을 하고 있다.
> 22:6에서 시작하느냐, 요한계시록 22:10에서 시작하느
> 냐로 서로 의견이 나누어지고 있다. 요한계시록 22:6-9
> 은 두 가지 기능을 하고 있다.

1) 요한계시록 22:10의 '또 내게 말하되…'(Καὶ λέγει μοι)에서 말
   하는 이를 누구로 생각하느냐에 달려있다.

   물론 우리말 개역개정에서는 '그가'가 생략되어 있다. 두 가지 해석
   이 가능하다. 하나는 '그가'를 일곱 천사 중 하나로 생각하는 것이
   다. 다른 하나는 '그가'를 예수 그리스도로 생각하는 것이다.

2) 요한계시록 22:18에서는 '내가 증언하노니'(Μαρτυρῶ ἐγὼ)라고
   하면서 '에고'를 넣어서 강조하고 있다.

   여기 '내가'는 누구인가? 이것 역시 쉽지 않다. 사도 요한인가?(계
   1:2, 22:20) 아니면 예수 그리스도인가?(계 22:16)

3) 그래서 우리말 개역개정은 요한계시록 22:16과 22:17에 ○표시를 넣어 서로 단락을 분리하고 있다.

4) 하지만 이것을 다시 말씀하시는 주체와 말씀을 듣는 객체로 나누어 보면, 요한계시록 22:6-15까지는 일곱 천사 중 하나와 예수 그리스도께서 사도 요한에게 말씀하고 있다.

사도 요한 개인에게 말씀하고 있다. 그러나 요한계시록 22:16-19까지는 나 예수와 성령과 신부와 사도 요한이 일곱 교회와 그 이후 보편적이고, 우주적인 교회에게 말씀하고 있다. 공동체에게 말씀하고 있는 것으로 생각할 수 있다.

5) 그리고 나서 요한계시록 22:20을 시작하면서 우리말 개역개정은 또 ○표시를 하고 다시 '이것들을 증언하신 이가'라고 말씀하고 있다.

만약 요한계시록 22:18의 '내가'를 사도 요한으로 보면, 사도 요한에서 다시 이것들을 증언하신 이로 전환되고 있다.

6) 그렇다면 '이것들을 증언하신 이'는 누구인가? 한마디로 분명히 예수 그리스도이다.

왜냐하면 요한계시록 22:16에서 "나 예수는 교회들을 위하여 내 사자를 보내어 이것들을 너희에게 증언하게 하였노라'그가'"라고 말씀하고 있기 때문이다. 그러니까 요한계시록 22:16에서는 '나 예수', 요한계시록 22:17에서는 성령과 신부가 말씀하셨다. 그리고 요한계시록 22:18에서는 내가 증언했다. 바로 사도 요한이 증언했다. 이제 다시 '이것들을 증언하신' 예수 그리스도께서 말씀하고 있다. 사도 요한의 경고의 말씀에 이어서 이제 예수 그리스도의 축복을 선언하고 있다. 만약 요한계시록 22:18의 '내가'를 예수 그리스도로 보면, 계속해서 예수 그리스도께서 말씀하고 있는 것이다.

1. 내가 진실로 속히 오리라고 한다.

1) 이제 다시 요한계시록 22:20에서 '이것들을 증거하신 이가'라고 하면서 말씀하고 있다. 여기 '이것들'은 복수 지시 대명사로 직접적으로 생각하면, 지금까지 계속해서 말씀하고 있는 거룩한 성 예루살렘에 대한 것으로 생각할 수 있다. 또한 전체적으로 생각하면 요한계시록 전체의 말씀으로 생각할 수 있다. 그리고 더 확대해서 생각하면 신약과 구약 전체의 하나님의 말씀으로 생각할 수 있다. 아무튼 지금까지 계속해서 문맥적으로 보면, 거룩한 성 예루살렘이나 혹은 요한계시록 전체를 통해 나타난 예언의 말씀 전부를 지칭하고 있다. 그것도 '증언하신 이'라고 현재 분사로 말씀하여 요한계시록 전체의 내용 자체를 가리킨다고 할 수 있다.

2) 그렇다면 여기 '이것들을 증언하신 이'는 바로 예수 그리스도이다. 그러니까 요한계시록에 기록된 환상과 언급된 말씀들은 모두 예

수 그리스도로 말미암은 것이다. 요한계시록 1:1에서 '예수 그리스도의 계시라'라고 했다. 다시 말해서 요한계시록의 진정한 저자 즉 기록자요, 증인은 예수 그리스도이다. 요한계시록 1:2에서 보면 예수 그리스도의 증거이다. 요한계시록 19:10에서도 예수의 증언이다. 그래서 요한계시록 1:5에서 "또 충성된 증인으로 죽은 자들 가운데에서 먼저 나시고 땅의 임금들의 머리가 되신 예수 그리스도로 말미암아 은혜와 평강이 너희에게 있기를 원하노라 우리를 사랑하사 그의 피로 우리 죄에서 우리를 해방하시고"라고 했다. 땅의 임금들의 머리가 되신 예수 그리스도로 말미암아 모든 것이 증거되고 있다. 그래서 요한계시록 22:16에서 예수 그리스도께서 천사들을 보내 이것들 즉 요한계시록의 말씀을 증언하고 있다.

3) 예수 그리스도께서 무엇이라고 말씀하고 있는가? 한마디로 '내가 진실로 속히 오리라'고 하신다. 이 말씀은 이미 요한계시록 22:7에서 "보라 내가 속히 오리니 이 두루마리의 예언의 말씀을 지키는 자는 복이 있으리라 하더라"고 했다. 이것은 요한계시록 1:3과의 병행적 관계로 인해서 예수 그리스도의 초림적 의미가 아주 강하게 부각되면서 재림적 의미를 말씀하고 있는 것이다. 즉 최종 종말의 때까지 예언의 말씀을 지키는 자가 복이 있다는 것이다. 현재적, 상시적 오심을 의미한다. 또 요한계시록 22:12에서 "보라 내가 속히 오리니 내가 줄 상이 내게 있어 각 사람에게 그가 행한 대로 갚아 주리라"고 했다. 이것은 예수 그리스도의 초림적 의미보다는 재림적 의미를 아주 강하게 부각하면서, 심판의 때, 구원의 때에

예수 그리스도께서 줄 상이 있다는 것이다. 각 사람에게 행한 대로 갚아 주신 다는 것이다. 미래 종말적 오심이다. 결정적 최종적 오심이다.

4) 그런데 이제 요한계시록 22:20에서는 '내가 진실로 속히 오리라'고 하면서, 우리말 개역개정은 '진실로'(ναί)라고 하는데, '확실히' 오신다는 의미이다. 계시록 1:7에서도 '···그러하리라 아멘'(ναί, ἀμήν.)이라고 한다. 반드시 속히 오시겠다는 것이다. 거짓이 아닌, 확실하게 오시겠다는 것이다. 이렇게 예수 그리스도께서는 세 차례나 자신의 임박한 재림을 확실하게 오시겠다고 말씀하고 있다. 이렇게 예수 그리스도의 재림에 대해서 자신의 선포를 통해서 임박한 재림의 확실성과 진실성을 공고히 하고 있다.

5) 이렇게 예수 그리스도께서 친히 자신의 임박한 재림을 최종적으로 선포하시자 사도 요한과 교회(공동체)는 즉각적으로 이에 응답하고 있다. '아멘 주 예수여 오시옵소서'(Ἀμήν, ἔρχου κύριε Ἰησοῦ.) 이것은 요한계시록 22:17에서도 '성령과 신부가 말씀하시기를 오라 하시는도다···'(Καὶ τὸ πνεῦμα καὶ ἡ νύμφη λέγουσιν, ἔρχου.)라고 하면서 '오라' 2인칭 단수 현재 명령형으로 똑같이 되어 있다. '오시옵소서' 신속하게 오실 것을 바라는 아주 강한 염원이 담겨져 있다. 그리고 이어서 요한계시록 22:17에서는 '듣는 자도 오라 할 것이요'(καὶ ὁ ἀκούων εἰπάτω, ἔρχου.)라고 하면서 '보라 내가 속히 오리니'라는 말씀을 듣는 자들은 '오십시오'라고 말하라는 것이다. 그리고 "목마른 자도 올 것이요"라고 하면서 3인칭 단수 현재 명령형

으로 오라는 것이다. 목마른 자, 원하는 자가 오라는 것이다. 온 세상을 향한 초청을 말씀하고 있다. 그러나 요한계시록 22:20에서는 오로지 예수 그리스도의 재림을 향한 대망을 피력하고 있다. 여기에 대해서 아멘이라고 한다. 마라나타 즉 우리 주여 오시옵소서이다(고전 16:22).

2. 모든 자들에게 있을지어다라고 한다.

1) 요한계시록은 크게 세 가지 장르를 가지고 있다. 첫째는 계시이다. 묵시이다. 둘째는 예언이다. 선지이다. 셋째는 서신이다. 편지이다. 그렇기 때문에 묵시 문학에서 결어가 축도로 끝나는 것은 흔한 일이 아니지만, 그럼에도 불구하고 요한계시록은 또한 편지이기에 축도로 끝을 맺고 있다. 서신적 결구로 끝을 맺고 있다.

2) 이러한 서신의 형식은 요한계시록 도입부 즉 서문, 프롤로그의 부분에서 나타나고 있다. 계시록 1:4에서 "요한은 아시아에 있는 일곱 교회에 편지하노니…"라고 했다. 이렇게 요한계시록을 서신의 양식으로 시작했다. 이제 요한계시록 마지막에 와서는 서신 형식의 결어로 끝을 맺고 있다.

3) 요한계시록 프롤로그의 서두 요한계시록 1:4-6에서 언급된 서신의 인사말에 대한 대응으로 요한계시록 에필로그의 결말 요한계시록 22:21에서 마무리 인사말을 한 것으로 이해할 수 있다. 요한

계시록 마지막 절은 축원으로 끝을 맺고 있다. 이렇게 요한계시록은 전체의 틀을 편지의 형식으로 삼고 있다(계 1:4-6, 22:21). 그것도 일곱 교회에 보내는 편지들임을 보여주고 있다(2-3장). 그것은 요한계시록이 묵시적 환상 기록(계 4:1-22:9)이 주를 이루고 있는데, 여기에 서신의 형식을 함께 사용하여 신뢰도와 신실성을 잘 드러내고 있는 것이다. 사도 바울이 서신으로 사도적 권위를 전달하던 방식을 사용하여 요한계시록 역시 사도적 권위를 서신의 형식으로 그대로 전달하고 있다.

4) 요한계시록 1:5에서 "예수 그리스도로 말미암아 은혜와 평강이 너희에게 있기를 원하노라"라는 문안 인사로 시작했다. 그런데 이제 마지막에서는 '주 예수의 은혜'라고 말씀하고 있다. 이러한 것은 바울 서신의 결어를 연상하게 하고 있다. 서신의 서두에서는 은혜와 평강 두 가지를 말씀했는데, 이제는 그 은혜만 강조하고 있다. 일반적으로 은혜는 그의 백성들에게 값없이 주시는 하나님의 선물이다. 그런데 은혜는 바로 주 예수의 은혜(Η χάρις τοῦκυρίουἸησοῦ)라고 한다.

5) 주 예수의 은혜에 대한 소유격을 크게 두 가지로 해석할 수 있다. 먼저 주격 소유격으로 해석을 하면, 주 예수께서 주시는 은혜이다. 주 예수로 말미암은 은혜를 의미한다. 대속의 은혜이다. 속죄의 은혜이다. 구원의 은혜이다. 그러나 다른 한편 목적격적 소유격으로 해석을 하면, 주 예수를 위한 은혜이다. 주 예수가 목적이 되는 은혜이다. 구원을 받은 감격을 의미한다. 받은 은혜를 통해서 주 예

수를 위해서 사는 것이다.

6) 이러한 주 예수의 은혜가 누구에게 있어야 하는가? '모든 자들'에게 있을 것을 말씀하고 있다. 여기 모든 자는 이 두루마리의 예언의 말씀을 듣는 각인을 일차적으로 지칭하지만, 이것은 오고 오는 만대의 교회까지도 포함하고 있다. 특별히 우리말 개역개정에는 '모든 자' 앞에 주석 표시가 있어서 난외주에 '어떤 사본에, 성도들에게'라고 되어 있다.

7) 그러면서 우리말 개역개정에는 '아멘'이 있다. 표준 원문과 시내사본과 그 밖의 다른 사본에도 '아멘'이 있다. 그러나 UBS³판이나 Nestle Aland 25판에는 '아멘'이 없다. 이처럼 사본상의 증거가 약한 것에 비추어 볼 때 이것은 서기관이 '아멘'을 바람직한 결어로 인식하고 첨가한 것으로 볼 수 있다. 그러나 '아멘'이 바람직한 결어라고 볼 수 있다. '아멘'은 참으로 진실되다는 것이다. 신실하다는 것이다. 하지만 사본상의 문제이지만, 요한계시록 마지막 끝이 아멘이 아니라고도 할 수 있다. 그래서 엄밀한 의미에서 요한계시록은 '아멘'으로 종결되는 것이 아니라, '모든 자'로 종결되는 것으로도 볼 수 있다. 만약 그렇다면 이와 같은 결어는 사도 요한이 요한계시록에서 피력한 우주적이며, 보편적 구원을 염두에 두고 의도적으로 선택한 표현임을 분명히 알 수 있다.

성경은 한 권이다. 그리고 66권으로 구성되어 있다. 구약 39권과 신약 27권으로 구성되어 있다.

1) 구약은 창세기 1:1의 창조로 시작하여, 말라기 4:6의 저주로 끝을 맺고 있다. 창세기 1:1의 "태초에 하나님이 천지를 창조하시니라"로 선포하면서 시작하여, 말라기 4:6에서 "내가 와서 저주로 그 땅을 칠까 하노라"라는 말씀으로 끝을 맺고 있다. 저주로 끝을 맺고 있다.

2) 그런데 반해 신약은 마태복음 1:1의 예수 그리스도의 계보로 시작하여, 요한계시록 22:21에서 은혜로 끝을 맺고 있다. 마태복음 1:1의 "아브라함과 다윗의 자손 예수 그리스도의 계보라"로 선포하고, 특별히 마가복음 1:1은 "하나님의 아들 예수 그리스도의 복음의 시작이라"로 시작하여, 요한계시록 22:21에서 "주 예수의 은혜가 모든 자에게 있을지어다 아멘"으로 끝을 맺고 있다. 은혜로 끝을 맺고 있다.

3) 구약 말라기 4:6에서는 '아멘'이 없다. 그러나 신약 요한계시록 22:21에서는 아멘이 있다. 저주를 은혜로 바꾸는 그곳에 아멘이 있다. 이것은 바로 예수 그리스도를 통해서 저주가 은혜로 변화되는 것이다.

4) 이렇게 성경은 창세기의 창조 즉 에덴동산으로 시작하여, 요한계시록의 새 창조 즉 새 하늘과 새 땅, 에덴의 회복, 에덴의 완성으로

끝을 맺고 있다. 이러한 사실을 통해 성경을 한마디로 말하면 다음
과 같다.

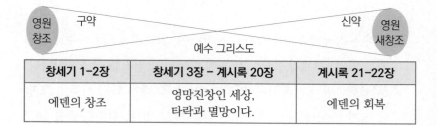

창세기 1-2장	창세기 3장 - 계시록 20장	계시록 21-22장
에덴의 창조	엉망진창인 세상, 타락과 멸망이다.	에덴의 회복

5) 이러한 관점에서 창세기 1-4장을 살펴보았다. 큰 제목은 성경의
서막으로 '첫 창조와 타락'이다. 하나님께서 천지 창조를 하시고
에덴동산과 사람을 만드시고 하나님의 나라를 시작하였다. 하지
만 아담과 하와가 범죄함으로 에덴동산에서 쫓겨나게 되었다. 에
덴동산에서 쫓겨난 아담과 하와가 아들들을 낳았다. 가인과 아벨
을 낳았다. 그러나 가인은 동생 아벨을 죽였다. 하지만 하나님은
다시 아벨 대신에 셋을 주셨다. 그래서 두 계보가 존재하게 되었
다. 하나는 가인의 계보이고, 다른 하나는 셋의 계보이다. 가인의
계보는 일반적인 하나님의 은총의 계보로서 타락의 계보이며, 죄
악의 계보이며, 인본주의적 계보이다. 그러나 셋의 계보는 하나님
의 특별한 은총의 계보로서, 경건의 계보이며, 예배의 계보이며,
신본주의적 계보이다. 이러한 두 계보 중에 하나님의 관심은 가인
의 계보가 아닌, 셋의 계보이다. 셋-에노스-에녹-노아-아브라함-

이삭-야곱-다윗-예수 그리스도로 이어지고 있다.

6) 이렇게 구약을 통해 에덴동산을 창설하시고, 사람을 창조하여 하나님의 나라를 시작했다. 하지만 사람이 타락함으로 다시 하나님의 백성들을 세워 하나님의 나라 발전 과정을 통해 하나님의 나라를 경험했지만, 결국 하나님의 나라 세우기를 실패했다. 제사장을 세웠고, 왕들을 세웠고, 선지자들을 세웠지만 결국 실패했다. 그래서 신약을 통해 이제 하나님의 아들 예수 그리스도를 통해서 다시 하나님 나라를 세우려고 했다. 예수 그리스도의 초림과 재림을 통해 하나님의 나라를 성취하시고, 하나님의 나라를 확장하시고, 하나님의 나라를 신앙과 삶을 통해 완성시키고 있다.

7) 그래서 성경 전체의 마지막 부분 종막인 요한계시록 19-22장을 살펴보았다. 그러니까 창세기 1-4장의 큰 주제를 '첫 창조와 타락'이라고 한다면, 요한계시록 19-22장의 큰 주제는 '심판과 새 창조'라고 할 수 있다. '심판과 완성'이다. 하나님께서 그 사랑하는 아들을 통해서 철저하게 바벨론과 두 짐승과 용을 심판하고 있다. 이들뿐만 아니라, 이들과 연관성을 가진 자들을 둘째 사망, 불 못에 던져 넣고 철저하게 심판하고 있다. 그리고 이어서 하나님께서 백마 타고 오시는 자를 통해서 새 하늘과 새 땅, 신천 신지를 새롭게 창조하고 있다. 뿐만 아니라 거룩한 성 새 예루살렘이 하늘에서부터 내려오고 있다. 어린 양의 신부로서, 하나님의 지성소로서, 성전의 완성으로, 에덴의 완성으로 거룩한 성 예루살렘을 통해서 새 창조를 완성하고 있다. 그곳에는 어린 양의 생명책에 기록

된 자들만 들어가게 되는 것이다(계 21:27). 그러나 누구든지 생명 책에 기록되지 못한 자는 불 못에 던져지게 되는 것이다(계 20:15). 따라서 이 두루마리의 예언의 말씀을 지키는 자들이 복이 있다(계 22:7). 뿐만 아니라, 자기 두루마기를 빠는 자들이 복이 있다(계 22:14). 그러나 이 두루마리의 예언의 말씀을 더하는 자에게 재앙이 더하게 될 것이고, 또 제하여 버린 자에게는 생명나무와 거룩한 성에 참여함을 제하여 버리시겠다는 것이다(계 22:18-19). 이렇게 하나님께서 그가 행한 대로 그대로 갚아 주시는 것이다. 이렇게 하여 하나님께서는 어린 양 예수 그리스도를 통해서 하나님의 나라를 완성하고 있다.

8) 그럼 어떻게 하나님의 나라가 완성되고 있는가? 무엇을 통해서 완성되고 있는가? 예수 그리스도의 초림으로부터 시작된 하나님의 나라가, 예수 그리스도의 죽으심을 통해서 성취되고, 이제 예수 그리스도의 재림으로 완성이 되는 것이다. 그러니까 한마디로 예수 그리스도의 재림을 통해서 이루어지는 것이다. 요한계시록 22장에서 세 번이나 반복하면서 예수 그리스도의 재림을 강조하고 있다. '보라 내가 속히 오리니'(계 22:7, 12), '내가 진실로 속히오리라'(계 22:20)라고 한다. 뿐만 아니라, '아멘 주 예수여 오시옵소서'라고 응답하는 것이다. 마라나타 신앙을 가지고 살아갈 것을 말씀하고 있다. 예수 그리스도의 재림을 고대하고, 사모하고, 준비하면서 기다리라는 것이다. 이렇게 예수 그리스도의 재림을 통해서 신천 신지, 새 창조, 영원한 하나님의 나라가 완성되는 것이다.

9) 또한 이러한 것이 어떻게 이루어지는 것인가? 예수 그리스도의 재림 역시 어떻게 이루어지는 것인가? 그것은 절대로 내 힘과 노력으로 이루어지는 것이 아니다. 전적으로 주 예수의 은혜로 말미암아 이루어지는 것이다. 모든 것이 다 은혜로 이루어지는 것이다. 따라서 창조에서 새 창조로 이루어지는 역사 역시도 전적으로 주 예수의 은혜로 이루어지는 것이다. 그래서 신약 성경의 마지막 끝, 성경 전체의 마지막 끝을 '주 예수의 은혜가 모든 자들 즉 성도들에게 있을지어다 아멘'으로 끝을 맺고 있다. 하나님 나라의 완성을 고대하면서 주 예수의 은혜가 있을 것을 말씀하면서 끝을 맺고, 그 모든 것이 정말로 그렇다는 의미로 아멘으로 끝을 맺고 있다.